어린 축구 선수들을 위한

축구 스킬&
전술 베이직
60

앤드류 라담 지음 | **이성모, 김종원** 옮김

조세민 감수

한스미디어

CONTENTS

PART 1. 스킬 SKILLS

PART 2. 전술 TACTICS ⚽

축구 선수 자녀를 둔 학부모님께 ⚽

서문

이 책을 쓴 단 하나의 목적은 최고의 축구 선수가 되기 위한 방법을 여러분에게 가르쳐주려는 것이다. 내가 아직 어린 선수였을 때는 코치라는 존재를 내가 축구를 얼마나 오래 하고, 어디까지 성장할 수 있을지 결정해주는 사람이라고 생각했다. 좀 더 나이가 든 후에야 축구 선수로 발전하는 데 있어 가장 중요한 사람은 나 자신이라는 사실을 깨달았다. 어린 시절에는 가장 중요한 것이 무엇인지 제대로 몰랐던 것이다. 이 책은 여러분에게 바로 그 가장 중요한 것을 가르쳐주는 설명서가 될 것이다.

모든 축구 선수는 각기 한 명의 개별적인 선수다. 물론 축구는 팀 스포츠지만, 그 팀 역시 개인의 행동이 모여서 만들어진다. 각각의 선수들은 성장 시기가 다르고 발전 속도 역시 다르다. 최고의 축구 선수가 되기 위해 모두에게 중요한 한 가지를 꼽자면, 그것은 바로 훌륭한 스킬을 연마하는 것이다.

최고의 축구 선수가 되는 길은 열심히 하는 것 외에는 '특별한 비법'이 없다. 훈련을 통해 열심히 스킬을 연마한다면 여러분의 축구 실력은 점점 발전할 것이다. 축구계에는 "재능을 가진 자라도 그 재능에 노력을 더해야만 노력하는 자를 이긴다"라는 말이 있다. 재능이 있는 사람이 노력을 더한다면 무적의 선수가 될 수 있다는 말이다. 우리는 최고의 선수들이 경기 중에 골을 넣거나 결정적인 태클을 하는 장면을 자주 보곤 하지만, 그들이 훈련 과정에서 얼마나 열심히 노력하는지는 모르고 있다.

팀 동료 혹은 친구와 훈련을 할 때는 무엇보다도 항상 즐거워야 한다는 것을 잊지 마라. 축구를 할 때는 누구나 승리하기를 바랄 것이고, 패스를 잘해서 골도 많이 넣고 싶어질 것이다. 하지만 그보다 더 중요한 것은 축구를 즐기는 것이다. 만약 축구를 하면서 재미를 찾지 못한다면 결국 축구를 그만두고 다른 흥밋거리를 찾게 될 것이다. 세계 최고의 축구 선수들을 자세히 살펴보면 그들이 축구를 즐기고 있고, 동료와 함께 뛰는 팀의 일원으로서 즐기고 있음을 알 수 있다.

대부분의 축구 전문가는 축구에 네 가지 퍼즐이 있다고 생각한다. 기술적 능력, 전술 이해도, 신체 능력 그리고 심리적 측면이다. 이 책은 이 네 가지 조각들을 발전시키기 위한 기본적인 스킬과 특별한 전술 그리고 경기를 발전시키기 위한 코치의 비밀 몇 가지를 소개하고 있다.

혼자 혹은 친구와 함께 훈련하면서 여러분의 축구 스킬을 발전시켜줄 몇 가지 훈련 방법은 물론 팀에 보탬이 되는 영리한 선수가 되기 위해 필요한 몇 가지 정신적 기술도 포함하고 있다. 이 책에서 다루고 있는 숨겨진 비결은 여러분이 목표를 설정하는 데 도움이 될 뿐만 아니라 축구 선수로서 신체와 건강을 챙기고 훈련과 경기를 준비하는 데에 도움을 줄 것이다. 추가적으로 이 모든 자질을 갖춘 최고의 슈퍼스타 여섯 명의 이야기와 어린 축구 선수 자녀를 둔 부모님을 위한 정보도 담았다. 어린 선수의 최고 지지자인 부모님께서도 이 책을 통해 자신의 자녀가 최고의 축구 선수가 되는 데 무엇이 필요한지 도움을 받게 되길 바란다.

이 책에서 설명한 스킬과 전술, 비결에 집중하면서 슈퍼스타들이 걸어갔던 길을 따라간다면 여러분의 축구 능력은 몰라보게 향상될 것이다. 그렇게 될 때 여러분은 축구를 더 재미있게 즐길 수 있을 것이다.

축구에 대한 열정을 품고 마음껏 즐기다 보면, 여러분은 남은 인생 동안 항상 축구와 함께할 수 있을 것이다. 혹시 여러분 중에서 월드컵 우승 트로피를 들어올리는 사람이 나올 수도 있다!

감수의 글

축구 선수의 꿈을 품고 있는 수많은 유소년 선수들을 지도하고 있는 현역 축구 지도자로서 코로나19 바이러스 유행이라는 전대미문의 상황을 겪고 있는 지금, 가장 먼저 비대면으로 시도한 교육 방법은 제가 가르치고 있는 아이들이 가정에서 읽을 수 있는 축구 서적을 추천하는 것이었습니다.

총 10권 정도의 축구 관련 서적을 추천했는데, 이번에 한스미디어에서 출간한《어린 축구 선수들을 위한 축구 스킬&전술 베이직 60》과 같이 디테일하게 축구 기술과 축구 전술의 포인트를 설명해주는 서적은 많지 않았습니다.

사실 축구처럼 몸동작으로 이뤄지는 스포츠의 기술을 디테일하게 설명하다 보면 읽는 사람 입장에서는 이해하기 어려울 수도 있는데, 이 책은 디테일하면서도 쉽게 읽을 수 있는 책이라는 점이 가장 큰 장점이었습니다. 이번 책의 감수를 맡으면서 이 책이 가진 장점에 손상이 가지 않도록 '내가 가르치고 있는 아이들이 내 도움 없이도 이 책을 읽을 수 있도록 만들어보자'라는 생각을 가지려 노력했습니다.

저자 앤드류 라담 코치는 20년 이상 유소년 축구를 지도했던 경력자답게 축구 경기 중에 곧바로 활용할 수 있는 17가지의 주요 스킬과 축구 경기 중에 일어날 수 있는 상황을 다룬 27가지의 주요 전술을 알차게 정리하여 이 책에 담았습니다. 저자가 이 책을 집필할 때도 그가 맡고 있는 유소년 축구 선수들에게 보다 더 쉽고 정확하게 축구를 가르치기 위해 많은 노력을 기울였을 것입니다.

그렇기 때문에 이 책을 읽는 한국의 유소년 축구 선수들은 20년 이상의 유소년 축구 지도 경력을 갖춘 앤드류 라담 코치의 코칭을 간접적이지만, 입체적으로 배울 수 있는 시간을 가질 수 있을 것이라 생각합니다. 뿐만 아니라 저와 같이 한국에서 유소년 축구 선수들을 지도하고 계신 축구 지도자 분들도 앤드류 라담 코치의 코칭 방법이 담긴 이 책을 통해 참신한 시각의 코칭 아이디어를 얻을 수 있을 것이라 생각합니다.

축구 교육은 결코 비대면 교육만으로 진행될 수 없지만, 축구 스킬과 전술에 대한 알찬 내용을 가득 담고 있는 이 책이 앞으로 늘어나게 될 비대면 교육 시간을 채워줄 수 있는 좋은 대안이 될 수 있을 것입니다.

조세민

PLAYBOOK

플레이북

축구에서는 다양한 용어를 사용한다. 모든 선수는 경기에서 사용하는 기본적인 축구 용어를 제대로 이해하고 있어야 한다. 그래야만 코치가 말하고자 하는 의미를 제대로 이해할 수 있다. 코치는 선수를 돕는 사람이라는 사실을 명심하고, 모르는 용어가 생기면 곧바로 코치에게 질문해야 한다.

포지션

골키퍼Goalkeeper(Keeper/Goalie)

골키퍼의 가장 중요한 임무는 골대 안으로 공이 들어가지 못하게 막는 것이다. 골키퍼는 동료 수비수들과 의사소통해야 할 책임이 있다. 팀 공격의 시작 역시 골키퍼의 선택에 달렸다.

공격수Forward(Attacker)

공격수의 임무는 득점(골)을 하는 것이다. 또한 득점을 할 수 있도록 더 많은 기회를 만들어 내는 것이다. 복권을 사지 않으면 절대 당

14

포지션

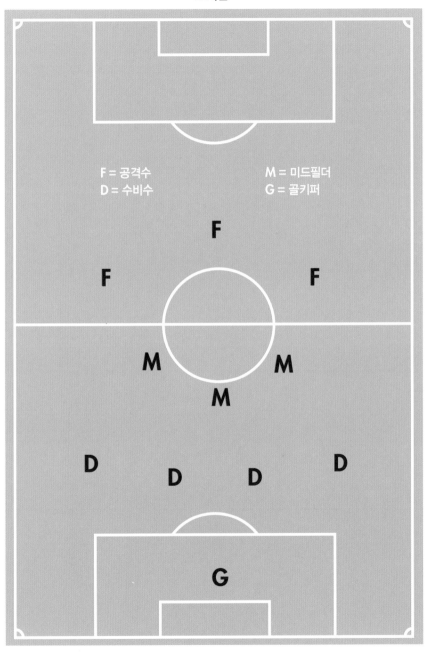

F = 공격수   M = 미드필더
D = 수비수   G = 골키퍼

첨되지 않는다. 축구에서는 골이 곧 '복권 당첨'이자 상이다. 공격수는 상대 수비수들로부터 공을 빼앗으려는 노력도 해야 한다. 그러나 공격수에게 가장 중요한 것은 역시 득점을 하는 것이다.

미드필더Midfielder

미드필더에게는 많은 역할이 부여된다. 미드필더는 팀이 공을 소유하고 있을 때 동료 공격수와 수비수 사이에서 공을 연결시키기 위해 움직일 필요가 있다. 팀이 공을 소유하고 있지 않을 때는 상대 선수로부터 공을 빼앗거나 득점을 막기 위해 움직여야 한다. 미드필더의 종류에는 공격형 미드필더, 중앙 미드필더, 측면 미드필더, 수비형 미드필더 등이 있다.

수비수Defender

수비수의 가장 중요한 임무는 골키퍼와 함께 상대의 득점을 막는 것이다. 득점을 막는 가장 좋은 방법은 상대 팀으로부터 공을 뺏는 것이다. 수비수는 공을 소유하고 있는 상대 선수에게 적극적으로 다가갈 필요가 있다. 그리고 동료 수비수와 함께 공간을 막아야 한다. 센터백, 하프백, 풀백, 윙백 그리고 스위퍼는 수비수의 세부 포지션들이다.

축구 용어

공격Attack : 공을 가지고 상대 골대 쪽으로 전개하는 행위.

다운 더 필드down the field : 자신이 서 있는 곳과 자기 팀 골대 사이의 공간.

단서cues : 다음에 일어날 상황을 예측할 수 있는 것들

드롭 다운drop down(서포트 움직임) : 공을 가진 동료를 돕기 위해 공 뒤쪽으로 움직이는 행위.

라이트 패스light pass(가벼운 패스 또는 약한 패스) : 목표 지점으로 향하는 가벼운 패스.

마킹marking : 상대 팀 선수 가까이 붙어서 막는 행위.

브레이크 더 라인break the line(침투 움직임) : 상대 선수들 사이의 가상 라인을 뚫고 침투하는 행위.

브레이크어웨이breakaway : 공을 몰고 상대 골대 쪽으로 빠르게 이동하는 행위.

빌로우 더 볼below the ball(공 뒤 공간) : 팀이 공을 소유하고 있는 상황에서 공보다 자신의 골대와 가까운 위치.

서포트support : 공을 갖고 있는 팀 동료를 돕기 위해 움직이는 행위.

압박under pressure : 공을 뺏기 위해 상대 팀 선수에게 다가서는 행위.

앞발front foot : 상대 골대에 가장 가까운 발.

어보브 더 볼above the ball(공 앞 공간) : 공 너머에 있는, 공보다 상대 골문에 더 가까운 공간.

원터치 패스one-touch pass : 팀 동료에게 한 번의 터치로 공을 패스하는 행위. 논스톱 패스라고도 한다.

전진higher up the field : 상대 골대 방향으로 움직이는 행위.

컨트롤control : 다음 동작을 결정할 수 있도록 공을 소유하고 있는 상태.

파 포스트far post : 공에서 먼 반대쪽 포스트. 공의 위치에 따라 바뀐다.

포백Back four : 수비의 형태. 축구 팀에서는 대부분 4명의 수비수를 활용한다.

헤비 패스heavy pass(강한 패스) : 목표 지점으로 강하고 빠르게 차는 패스.

필드The Field

다운 로우down low or low down(로우 다운) : 공을 가진 선수를 도울 수 있는, 공보다 자신의 골대에 가까운 위치.

세이프 스페이스safe space(안전한 공간) : 가장 가까운 수비수로부터 멀리 떨어져 있는 공간.

오픈 스페이스open space(빈 공간) : 상대 팀 선수들이 없는 공간.

클로즈드 스페이스closed space(닫힌 공간) : 상대 선수들이 이미 차지하고 있는 공간.

플레이Play

골Goal : 공이 골포스트 사이 골라인을 완벽히 넘어 갔을 때.

골킥goal kick : 공격 팀이 공을 골라인 뒤로 내보내면 수비 팀에게 주어지는 상황.

스로인throw-in : 터치라인으로 공이 나가면 경기를 다시 진행하기 위해 부여받는 상황.

오프사이드offside : 상대 진영에서 공과 상대 골대에서 2번째로 가까이 서 있는 상대 선수보다 공격수가 상대 골대에 더 가까이 서서 패스를 받는 경우(일반적으로 상대 골대에서 가장 가까운 수비수는 골키퍼다).

코너킥corner : 경기 중 상대 수비수가 공을 골라인 뒤로 내보내면 공격 팀에게 주어지는 상황.

파울foul : 부당한 플레이를 한 선수에게 심판이 경기를 멈춘 후 소유권을 상대에게 넘겨주는 행위.

페널티킥penalty kick : 상대 팀 페널티 에어리어에서 파울을 얻으

용어

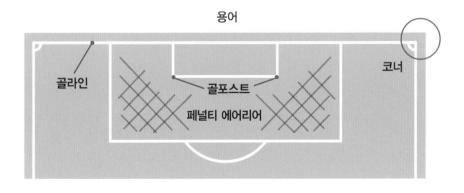

골라인
골포스트
페널티 에어리어
코너

면 부여받는 행위.

프리킥free kick : 심판이 파울을 부여한 후 경기를 다시 시작하기 위해 상대 팀에게 주어지는 행위.

스킬과 전술의 종류Types of Skills and Strategies

달리기Running : 3~4걸음당 한 번씩 공을 터치하며 컨트롤한 상태에서 달리는 행위. 전진 드리블(치고 달리기)이라고도 한다.

드리블Dribbling : 빠른 볼 터치를 통해 상대 수비수의 균형을 잃게 하거나 돌파하는 플레이.

수비Defending : 상대가 득점하지 못하도록 막으면서 상대편의 공을 뺏으려 시도하는 일련의 플레이.

슛, 슈팅 Shooting : 득점을 위해 골대 방향으로 공을 차는 행위.

패스Passing : 경기 중 다른 동료 선수에게 공을 차서 보내는 행위.

스킬
SKILLS

공 받기

패스

공 받는 능력을 키울 수 있는 3가지 중요한 요소를 기억하자. 첫째, 공간을 만들어서 팀 동료로부터 공을 받을 준비를 해두자. 둘째, 공을 받을 때 신체의 어느 부위로 받을지 정해 놓고 어느 방향으로 공을 받아야 안전할지 미리 생각하자. 셋째, 공을 받기 전에 미리 다음 동작을 생각해두자. 최고의 축구 선수들은 항상 다음 동작을 결정하고 움직이기에 공을 잘 뺏기지 않는다.

패스를 받기 전에 팀 동료가 공 받는 선수를 잘 볼 수 있도록 공간을 확보해야 한다. 공을 받는 사람과 패스를 주는 동료 사이에는 확실한 패스 라인이 필요하다. 패스 라인이 안전하다고 생각하면 팀 동료는 자신 있게 패스를 할 수 있다. 공 받을 준비가 다 됐다면 패스해

공 받기

달라는 신호를 보내고 패스 받을 준비를 하자.

공을 받을 때 왼발은 시계 10시 방향, 오른발은 2시 방향을 가리켜야 한다. 이러한 발의 각도는 어느 발로 공을 받든 첫 터치를 할 때 더 많은 동작을 선택할 수 있도록 돕는다. 공이 다가올 때 주변을 미리 둘러보고 다음 동작을 이어가라. 공을 터치하는 순간 발목에 힘을 빼고 공의 충격을 완화시킨 다음 안전한 공간으로 공을 보내자. 안전한 공간은 공을 받은 선수가 다음으로 나아갈 방향인 동시에 상대편으로부터 멀리 떨어진 공간이어야 한다.

공을 소유하고 있기 때문에 다음 동작을 취할 수 있다. 앞에서 언급한 세 가지 요소를 잘 익힌다면 공의 소유권을 지킬 수 있을 것이다.

패스 받기

패스

공을 받는 스킬에서 중요한 점은 공이 오기 전에 (공이 다가오고 있을 때가 더 좋다) 몸의 위치를 바꾸는 것이다. 양쪽 엉덩이가 공을 주는 팀 동료를 향하게 서지 말고 두 다리 중 한 다리는 뒤로 빼고 두 어깨 중 한 어깨는 공이 오는 방향, 다른 쪽 어깨는 상대편 선수 쪽으로 향하게 하자. 코치에 따라서는 "(몸을) 열어", "옆으로"라고 외치며 이러한 자세를 요구할 것이다. 정확한 표현이 어떤지는 중요하지 않다. 정말 중요한 것은 이러한 자세가 의미하는 바를 정확히 아는 것이다. 그 후에는 코치가 원하는 것을 더 잘 이해할 수 있을 것이다.

패스를 받을 자세가 갖춰졌으면 자신감을 갖고 앞쪽 방향을 향해서서 공을 받자. 패스가 오기 전에 어떤 동작으로 이어갈지 판단하기 위해 주변을 계속 둘러보는 것도 잊지 말자. 세계 최고의 선수들은 이러한 동작을 결코 잊지 않는다. 전진을 할 수 없는 상황이라면 안전한 공간을 확보하고 공을 소유하기 위해 뒤쪽으로 움직일 수도 있다.

나아갈 방향으로 서서 공을 받았을 때의 장점은 이미 앞으로 나아갈 준비가 되어 있는 것이다. 반면, 패스가 오는 방향으로 서 있는 경우 곧바로 전방으로 나아가기 어렵다. 축구 중계를 통해 최고의 선수들이 활약하는 모습을 보면 그들은 거의 매번 나아갈 방향을 미리 바라보면서 공을 받는다는 사실을 확인할 수 있을 것이다.

SECRET 1

축구에 대한 존중

팀 동료, 상대팀 선수 그리고 심판을 항상 존중해야 한다. 축구에서 페어플레이와 존중은 매우 중요한 부분이다.

허벅지와 가슴을 이용한 볼 컨트롤

친구들과 연습하기

패스는 항상 지면으로 굴러서 오거나 하늘 높은 곳에서 날아오지 않는다. 다리와 머리 사이의 애매한 위치로 공이 날아오는 경우도 많다. 이 때 이용할 수 있는 신체 부위가 두 군데 있다. 바로 허벅지와 가슴이다.

좋은 선수는 다양한 신체 부위를 이용해 자연스럽게 볼을 컨트롤할 수 있다. 한 가지 확실한 것은 그런 능력을 갖춘 선수는 모두 그렇게 하기 위해 연습을 아주 많이 한다는 점이다.

허벅지로 공을 받을 때는 허벅지의 올바른 위치를 사용해야 한다. 공을 리프팅할 때는 허벅지의 가운데 부분을 이용하는 것이 좋다. 반면, 게임 도중에는 허벅지 근육이 시작되는 무릎 윗부분을 이용하는 것이 좋다. 이 부분을 이용하면 원하는 방향으로 빠르게 나아갈 수 있고, 공을 빠르게 지면으로 보낼 수 있다.

가슴으로 공을 받을 때는 턱을 들고 어깨를 뒤로 젖히면서 가슴 면적을 넓혀야 한다. 공을 지면으로 빠르게 보내기 위해서는 공을 가슴으로 터치하는 순간 가슴을 안쪽으로 좁히면서 무릎을 약간 접어야 한다.

훈련

동료와 함께 허벅지와 가슴을 이용해 컨트롤하는 연습을 해보자. 9~10미터 정도 떨어져서 공을 던지며 연습하는 것이 좋다. 이 스킬을 연습할 때는 공을 향해 움직이면서 받아야 한다는 점에 유의하자. 이러한 동작을 잘 구사하면 더욱 편안하게 공을 받을 수 있을 것이다.

SKILL

4

쇼트 패스

패스

쇼트 패스 연습은 친구와 하거나 혹은 벽을 이용해 혼자서도 할 수 있다. 5~15미터 거리에서 패스 연습을 하면서 정확도에 집중하는 것이 좋다.

패스를 할 때는 공과 발이 닿는 면적이 가장 넓은 발의 옆면(인사이드 패스)을 이용하자. 닿는 면적이 넓으면 패스의 정확도를 높이는 데 도움이 된다. 또한 공을 띄우지 않으면서 패스할 수 있도록 컨트롤하기도 수월하다.

처음에는 공이 완전히 멈춘 상태에서 연습하자. 디딤 발은 공 옆에 두고 디딤 발의 발가락이 공보다 약간 앞으로 나온 상태에서 차는 발을 젖혀서 발의 옆면을 이용해서 찬다. 차는 발의 발가락은 뒤

옆면으로 차기

꿈치보다 약간 높은 위치에 있어야 한다. 공을 차는 순간 발목을 고정시키고 발가락을 약간 더 올리자. 그러면 공의 가운데 부분을 찰수 있어서 공이 지면으로 깔려 나갈 것이다. 동시에 턱은 공 위쪽을 향해야 한다. 이 동작 역시 공이 지면으로 깔려 나가는 데 도움을 준다.

패스를 한 후에는 공을 찬 발을 디딤 발 앞쪽으로 이동하여야 한다. 이 동작은 다음 동작으로 이어 나갈 때와 공을 끝까지 밀어 차는 데 도움을 줄 것이다.

위에 언급한 동작들을 모두 잘할 수 있을 때 공을 보내는 다음 동작을 진행할 수 있다. 패스를 할 때는 발의 옆면을 이용해 살짝 터치하자.

쇼트 패스 스킬에서 가장 중요한 것은 정확도다. 팀 동료가 공을 쉽게 받을 수 있도록 패스를 해야 한다. 발가락을 위로 향한 상태에서 발목을 고정시키는 자세는 최고의 패스를 하게 도와줄 것이다.

SECRET
2

쿨 다운

훈련이나 경기를 마친 후에는 신체와 근육의 열을 충분히 가라앉히는 시간을 가져야 한다. 가벼운 조깅을 한 다음 다리 스트레칭을 하는 것이 좋다.

중거리 패스

패스

경기 중에 선수들은 15~25미터 정도의 거리에서도 패스를 한다. 발의 옆면을 이용한 패스는 받을 선수를 정확히 지정하지 않는 이상 대부분 멀리 전달할 수 있을 만큼 강하지 않다. 중거리 패스 연습은 동료 또는 혼자서도 할 수 있다. 기술에 먼저 집중한 다음 차근차근 발전시켜 나가기 위해 공이 멈춘 상태에서 연습을 시작하자.

먼저 디딤 발의 발가락이 공보다 약간 앞으로 나온 상태가 되도록 공 옆에 둔다. 중거리 패스의 경우 공을 힘껏 찰 넓은 공간이 필요하기 때문에 디딤 발을 옆으로 약간 벌리는 것이 좋다. 아마 축구화 끈 부분인 발등(인스텝)으로 공을 차게 될 텐데, 중요한 점은 발가락을 아래로 향하고 뒤꿈치는 위로 향한 상태에서 엄지발가락과 발등의

발등으로 패스하기

중간 정도 부분으로 차는 것이다.

공을 터치하는 순간에는 턱을 아래로 향해야 한다. 발목을 고정하는 것을 잊지 말고, 공을 찬 후에는 찬 발을 디딤 발과 동일선상에 놓거나 살짝 가로질러서 내려놓아야 한다. 꼿꼿하게 발목을 고정시킨 상태를 유지하면 공이 지면으로 붙어 나가고, 공을 받는 동료가 쉽게 공을 받을 수 있게 도와준다.

이제 움직이는 공으로 연습을 하자. 공을 옆으로 굴리고, 디딤 발은 올바른 위치에 두고, 멈춰 있는 공을 차던 방식 그대로 패스를 연습하자. 중거리 패스 스킬을 익히려면 시행착오가 필요하니 시간을 두고 반복하면서 연습하자.

간단한 팁 : 오른발잡이 기준으로 공이 안쪽으로 회전이 생긴다면 아마도 디딤 발이 공에서 너무 가깝기 때문일 것이고, 공이 바깥쪽으로 회전이 생긴다면 디딤 발이 너무 멀기 때문일 것이다.

데이비드 베컴

생년월일: 1975년 5월 2일 **포지션:** 미드필더

팀: 맨체스터 유나이티드, 프레스턴 노스 앤드, 레알 마드리드, AC밀란,

LA갤럭시, 파리 생제르망, 잉글랜드 국가대표

데이비드 베컴은 세계 최고의 팀에서 선수 생활을 이어왔다. 잉글랜드의 맨체스터 유나이티드, 이탈리아의 AC밀란, 프랑스의 파리 생제르망 그리고 스페인의 레알 마드리드에서 갈락티코 멤버로 플레이했다.

베컴이 축구 선수로서의 기본적인 재능은 물론 엄청난 오른발 킥 능력을 갖췄다는 것은 누구나 다 아는 사실이다. 잘 알려지지는 않았지만 그는 다른 어떤 선수보다 노력을 많이 한 선수다. 어린 시절 그는 맨체스터 유나이티드에서 뛰길 원했고, 그 꿈을 이루기 위해 많은 시간 훈련에 매진했다. 프로 선수가 된 뒤에도 그는 훈련이 끝난 후에 따로 남아 추가 훈련을 계속했다. 그의 오른발 킥 재능은 이러한 엄청난 노력으로부터 나왔다. 그는 프리킥으로 많은 득점을 했고 크로스로 많은 어시스트를 기록했다. 이러한 기록은 그의 재능뿐 아니라 그가 보낸 노력의 시간이 만들어낸 것이다.

한편 베컴의 확실한 개성은 그를 슈퍼스타로 만들어준 동시에 선수 생활 동안 많은 고생을 하게 만들었다. 1998 프랑스 월드컵에서 잉글랜드는 아르헨티나와 무승부로 경기를 끝낸 후 승부차기 끝에 탈락했는데, 그 경기에서 베컴은 경기 중에 퇴장을 당했다. 많은 잉글랜드 팬들은 베컴의 퇴장이 경기 패배의 원인이라며 비난했고, 그가 맨체스터 유나이티드로 돌아왔을 때 많은 야유를 보냈다. 그 후 베컴은 국가대표 경기에서도 역시 많은 야유를 받았다.

그러나 그런 비난과 야유는 그가 훈련을 더 열심히 하는 원동력이 됐다. 2001년 그는 잉글랜드의 월드컵 진출을 확정 짓는 골을 기록하며 영웅이 됐다. 대부분의 선수들은 이러한 큰 압박을 견뎌내지 못했을지도 모른다. 그러나 베컴은 노력과 재능을 동시에 보여줬고, 그 둘이 합쳐지면서 최고의 선수가 될 수 있었다.

SKILL

6

롱 패스

패스

롱 패스는 중요하다. 먼 거리로 정확하게 패스를 할 수 있다면 패스 범위가 넓어지기 때문이다. 코치들은 항상 롱 패스를 정확하게 할 수 있는 선수를 찾고 있다. 넓은 패스 범위를 가지고 있는 선수가 있다면 먼 거리에 더 쉽게 패스하면서 빠른 공격에 활용할 수 있기 때문에 팀의 큰 강점이 될 것이다.

25미터보다 먼 거리로 패스를 할 때는 대부분 공을 공중으로 띄워서 패스를 한다. 이러한 롱 패스는 대개 경기장 반대편으로 플레이를 전환할 때 혹은 상대팀 뒷공간으로 공을 보낼 때 사용된다. 롱 패스는 정확도가 필요하다. 롱 패스가 정확하지 않으면 대부분 공의 소유권을 잃을 수 있다.

롱 패스 연습을 할 때는 적어도 한 명의 팀 동료와 함께해야 한다. 혼자 하면 공을 되찾아 오는 데 시간과 에너지를 낭비해야 하기 때문이다. 완전히 멈춰 있는 공으로 연습을 시작하고 적은 보폭 수를 유지하면서 공을 찬다. 킥을 하는 순간 강한 힘을 가할 공간이 필요하기 때문에 디딤 발은 공보다 앞에 두고 공에서 옆으로 약간 멀게 떨어뜨려 놓는다. 중거리 패스처럼 발가락을 아래로, 뒤꿈치를 위로 향한 상태에서 발등과 엄지발가락의 중간 부분으로 차야 한다.

롱 패스는 중거리 패스와 달리 공을 높이 띄우기 위해 공의 중간 아랫부분을 차야 한다. 공을 차는 순간 허리를 약간 구부리면 공을 높게 띄우는 데 도움이 된다. 공을 찬 후 발은 몸을 가로질러 디딤 발 옆에 멀리 놓아야 한다.

롱 패스 스킬을 충분히 익혔다면, 움직이는 공으로 연습하자. 중거리 패스와 마찬가지로 롱 패스 역시 많은 시행착오가 따를 것이다. 연습을 많이 하면 할수록 더 나아지는 것은 분명한 사실이다.

안으로 감아 차기(인프런트)

패스, 슛

발의 안쪽 면을 이용해 공을 감아 차는 것은 경기 중 많이 볼 수 있는 기술이다. 좋은 프리킥은 골키퍼와 멀리 떨어진 골대 모서리 상단 쪽으로 향하는 프리킥이다. 감아 차기는 프리킥과 코너킥 등 세트 플레이뿐만 아니라 오픈플레이에서도 크로스나 슛 등에서 사용되기도 한다. 이처럼 감아 차기는 경기 중 아주 많은 상황에서 사용해야 하는 기술이다.

이 기술의 핵심은 발을 올바른 위치에 놓고 공을 맞추는 것이다. 올바른 자세에서 공을 차면 공에 회전이 걸린다. 혼자 벽을 보고 하거나 혹은 15미터 정도 떨어진 거리에 있는 동료와 함께 연습을 하자. 공이 멈춰진 상태에서 시작하는 것이 좋다.

안으로 감아 차기

디딤 발은 발가락이 공보다 앞으로 나가게 한 채로(또는 동일선상으로) 공 옆에 두고, 공을 차는 발은 발가락은 위로 뒤꿈치는 아래로 향한 상태에서 공의 바깥쪽을 차면 회전이 걸린다. 오른발잡이 선수는 시계 반대 방향으로, 왼발잡이 선수는 시계 방향으로 회전이 걸릴 것이다. 공의 회전을 본 후 공을 찬 발은 디딤 발을 넘겨서 내려놓자. 공이 뜨지 않게 하려면 공의 가운데 부분을 차고, 공을 띄우고 싶으면 공의 아랫부분을 차면 된다.

이제 움직이는 공으로 연습하자. 디딤 발과 차는 발에 신경 써서 반복적으로 연습한다. 이 기술을 익히는 데는 약간의 시간이 필요하다. 어떤 면에서는 자전거 배우는 것과도 비슷하다. 그러나 일단 한 번 익히면 절대 잊어버리지 않을 것이다. 그러니 지금 바로 연습을 시작하자!

SECRET 3

메모하는 습관

연습과 경기 후에 메모하는 습관을 들이는 것이 좋다. 그 날 그 날 무엇을 잘했고 무엇을 더 잘할 수 있는지 적는다. 또 경기 후에 코치님이 말씀하신 것도 적어야 한다.

칩킥

패스, 숏

칩킥은 앞서 다뤘던 많은 패스들과 비슷하다. 차이가 있다면 공이 위로 떠올랐다가 빠르게 지면으로 떨어진다는 점이다. 칩킥은 상대 수비수를 넘겨 빈 공간으로 공을 보낼 때 사용할 수 있다. 또한 프리킥에서 수비벽을 넘길 때도 사용된다. 이 기술을 완전히 익히면 골키퍼와 1 대 1 상황에서 사용할 수 있고, 골키퍼가 멀리 나와 있을 때도 사용할 수 있다.

칩킥은 굴러오는 공을 찰 때 더 쉽다. 공의 움직임을 이용해 공의 아랫부분을 차서 공을 더 쉽게 띄울 수 있기 때문이다. 공을 찰 때, 디딤 발은 공보다 살짝 앞선 채로(또는 동일선상으로) 공 옆에 두어야 한다. 발가락은 아래로 뒤꿈치는 위로 한 상태에서 발을 45도 각도

칩킥: 옆에서 볼 때

로 만들어야 한다. 엄지발가락을 들어올리며 공의 아랫부분을 차고,
공을 터치한 후에는 앞으로 쭉 들어올려야 한다. 그러면 공에 역회
전이 걸려 공이 지면에 닿은 후 천천히 앞으로 나갈 것이다.

　이 스킬을 완벽히 익혔다면, 동료와 20미터 떨어진 거리에서 연습
해보자. 공을 옆이나 앞쪽으로 보내면서 기술을 써보자. 공을 차는
순간 자세를 약간 앞으로 기울이고 턱을 아래쪽으로 향하게 하자.
이렇게 자세를 취하면 발가락이 더욱 쉽게 공 아래로 갈 수 있어서
공을 높게 띄우는 것 역시 쉬워진다.

칩킥: 뒤에서 볼 때

훈련

이 스킬을 연습하는 좋은 방법은 동료들과 함께 '크로스바 맞추기' 게임을 하는 것이다. 즐겁게 이 스킬을 익히는 데 도움이 될 것이다. 페널티 박스 (16.5미터) 밖에서 차례차례 골대 맞추기를 시도해보자. 멈춘 공을 차서 맞추면 2점, 굴러오는 공을 차서 맞추면 1점이고, 11점을 먼저 내는 사람이 이기는 게임이다.

발리킥

패스

　발리킥은 공이 바닥으로 떨어지기 전에 공중에서 그대로 차는 것을 의미한다. 공이 한 번 바닥에 바운드된 후 올라온 공을 차는 것은 '하프발리킥'이라고 부른다. 발리킥과 하프발리킥 모두 연습을 통해 익힐 수 있다. 좋은 발리킥은 공을 찰 때 엉덩이가 공과 목표 지점을 향해야 한다. 항상 몸의 중심을 잡기 위해 노력하고 시선은 공을 바라봐야 하며 공을 정확하게 찰 수 있도록 집중해야 한다. 이 순간 발가락은 발목보다 항상 아래쪽에 위치해야 한다.

　혼자 벽을 이용해서 연습할 수도 있고, 10~15미터 떨어진 거리에서 동료와 연습할 수도 있다. 동료를 바라본 상태에서 양쪽 손을 엉덩이 높이에 두고 공을 든다. 동료가 공을 던지면, 축구화 끈 부분에 공을 맞추고 킥을 한 발은 디딤 발 앞쪽에 내려놓자. 킥을 하는 순간 발목은 고정되어 있어야 하고, 발가락은 항상 발목보다 아래에 있어야 한다. 그렇지 않으면 공이 높게 뜰 것이다. 공이 항상 가슴보다 낮게 바운드되도록 연습하자.

하프발리킥 역시 같은 과정을 거친다. 공을 머리보다 살짝 높게 던진 후 두 발을 짧은 스텝으로 움직이면서 동시에 시선은 바운드되는 공을 바라봐야 한다. 두 번째 바운드가 되기 전에 공을 차면 된다. 이 역시 발목을 고정시킨 상태에서 발가락이 발목보다 아래에 있어야 한다.

이제 발리킥의 기초를 배웠다. 킥의 강도를 높이기 전에 정확하게 차는 연습을 하는 것이 먼저라는 사실을 항상 기억하자!

SKILL

페널티킥

숫

많은 사람들은 페널티킥이 운에 달렸다고 믿는다. 이들은 대개 페널티킥을 못 넣었거나 페널티킥으로 자신의 팀이 졌던 기억을 갖고 있는 사람들이다. 그러나 페널티킥은 스킬을 밑바탕으로 하며 올바른 상황 인식과 자신감이 필요하다. 좋은 스킬을 가지고 있고 상황을 잘 이해하고 있다면 성공할 수 있다는 자신감이 생긴다.

페널티킥을 차는 선수는 골키퍼의 행동을 컨트롤할 수 없고, 골대도 움직이지 않는다. 오직 공의 움직임만을 컨트롤할 수 있기 때문에 스스로 그 상황을 잘 파악해야 한다. 골키퍼가 방향을 정확하게 예측하더라도 페널티킥을 하는 선수가 공을 구석으로 잘 차면 골키퍼는 공을 막을 수 없다. 골키퍼는 오직 예측을 할 뿐이고, 공을 차는 선수만 공이 어디로 갈지 미리 알고 있다는 사실을 기억하자.

골대 위쪽 구석과 아랫쪽 구석은 골을 넣기 좋은 위치다. 공이 골키퍼의 무릎과 어깨 사이로 가면 막힐 가능성이 높아진다. 페널티킥에 성공하는 핵심은 연습을 반복하는 것이다. 공을 페널티킥 차는 지점에 놓고 공을 보낼 위치를 정하자. 그리고 침착하게 호흡을 하며 공에 다가가자. 시선은 공을 바라보고 목표 지점을 향해 공을 차면 된다.

동료 골키퍼가 있든 없든 최대한 많은 연습을 하자. 정확한 페널티킥을 할 수 있는 선수라면 팀에 큰 자산이 될 수 있다.

발등이나 발 안쪽을 이용해서 공을 차자. 디딤 발은 공보다 약간 앞에 두고 발목은 고정시키며 가슴과 턱은 공 위로 향해야 한다. 공을 찬 후에는 발을 내려놓고 골대를 향해 돌진해야 한다. 골키퍼가 공을 쳐낼 경우 공을 다시 받아 차서 골을 넣을 수 있도록 시도해야 하기 때문이다.

페널티킥을 차는 도중에 갑자기 목표 지점을 바꾸거나, 필요 없는 생각은 하지 않는 게 좋다. 무엇보다 결과가 아닌 과정에 집중해야 한다.

SKILL

11

공 지키기

친구들과 연습하기

공을 지키는 것은 모든 선수가 배워야 하는 중요한 스킬이다. 특히 다른 선택지가 없을 때 공을 지키는 것은 공을 소유할 수 있는 좋은 방법이다. 수비수를 피할 수 없거나 패스를 할 선택지가 없을 때는 공을 지키는 수밖에 없다. 이러한 상황이 발생하면 다음 4가지 상황 중 한 가지가 발생하기 전까지 공을 지킬 수 있어야 한다.

1. **공을 지키고 있을 때, 수비수는 공을 뺏으려 시도한다.** 수비수가 이러한 움직임을 보이면, 반대 방향으로 벗어나라.

2. **수비수가 너무 가까이에 있는 경우,** 몸을 이용해서 수비수에게서 벗어나라.

3. **두 명의 수비수가 동시에 압박을 가해 오면,** 고개를 들어 빈 공간을 찾아라.

4. **팀 동료들의 도움을 받아라.** 도움을 주러 오는 동료가 있다면 그 동료에게 공을 줄 수도 있고, 자신이 있는 경우 동료를 이용해서 직접 돌파하는 동작이나 유도하는 동작 등의 개인기를 이용해서 수비를 따돌릴 수도 있다.

위의 예시들처럼 공을 뺏기지 않기 위해서는 좋은 위치 선정을 해야 한다는 점을 명심하자. 수비수와 공 사이에 자리를 잡고 공을 상대 수비수로부터 최대한 멀리 떨어트려 수비수의 발이 공에 닿지 않게 하자. 그리고 나서 발바닥을 공에 대고 발의 바깥쪽을 이용해 공을 움직이자. 발이 공 위에 있다면 움직이기에 좋지 않은 자세다. 자세를 다 취했으면 빠르게 수비수에게서 벗어날 계획을 세우자. 이러한 상황이 3~4초 이상 지속되면 결국 공을 잃어버릴 확률이 높다.

공 리프팅

혼자 연습하기

　혼자서는 연습하기 어렵고 반드시 동료가 필요한 스킬이 종종 있다. 그러나 리프팅의 경우 공과 연습할 공간만 있으면 된다. 공 리프팅은 모든 선수가 반드시 배워야 할 핵심 기술이다. 리프팅 연습을 할 때 공을 터치하는 모든 순간이 곧 퍼스트 터치 연습이기 때문이다. 최고의 선수가 되기 위해서는 퍼스트 터치 능력이 정말 중요하다.

　리프팅에는 두 가지 방식이 있다. 첫 번째는 최대한 오래 공을 유지하는 '스트레이트 저글링'이고, 두 번째는 다양한 신체 부위(예: 오른발, 왼발, 머리, 허벅지 등)를 이용하는 '패턴 저글링'이다.

　스트레이트 저글링 방식은 자신이 원하는 대로 하면 된다. 대부분의 경우 발가락을 위쪽으로 올리며 공에 회전을 줘서 몸 쪽으로 오게끔 공을 찰 것이다. 그러면 공이 몸에서 벗어나지 않고 오랫동안 리프팅을 이어 나갈 수 있다. 이러한 방식의 리프팅은 다른 선수들에게 둘러싸여 있는 좁은 공간에서 공을 지키는 데 도움이 된다.

패턴 저글링의 방식은 약간 다르다. 신체 부위를 차례대로 사용해야 한다. 패턴 저글링을 할 때 자주 쓰는 발이 아닌 발과 가슴 허벅지 같은 잘 사용하지 않는 신체 부위부터 연습을 시작하자. 패턴 저글링 기술을 익히면 오픈플레이 상황에서 공을 컨트롤하는 스킬을 향상시키는 데 도움이 될 것이다.

리프팅 연습은 밸런스 감각을 높이는 데도 도움이 된다. 이는 특히 경기 중에 대부분의 선수들이 한 발을 지면에서 뗀 채 기술을 사용하기 때문에 더욱 중요하다.

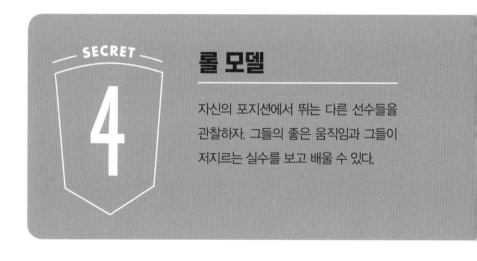

SECRET

4

롤 모델

자신의 포지션에서 뛰는 다른 선수들을 관찰하자. 그들의 좋은 움직임과 그들이 저지르는 실수를 보고 배울 수 있다.

양발 사용하기

드리블

공을 다루는 능력을 키우기 위해서는 발로 공을 편안하게 터치하는 스킬이 중요하다. 또한 양발을 모두 잘 다룰 수 있도록 노력해야 한다. 양발잡이가 되는 것은 어려운 일이지만, 그 보상은 그만큼 크다. 양발을 모두 사용할 수 있다면 코치에게 큰 자산이 될 것이고 팀에도 큰 도움이 될 것이다. 양발을 사용하는 연습은 리프팅 연습과 비슷하다. 달리거나 드리블을 하면서 할 수 있고 스스로 패턴을 만들면서 드리블 연습을 할 수도 있다.

연습을 시작할 때는 항상 주발(주로 쓰는 발)이 아닌 발(약발)부터 연습해야 한다. 골라인부터 골 에어리어(5.5미터)까지 약발 안쪽과 바깥쪽을 모두 이용해 드리블을 하고 턴을 해서 돌아오는 연습을 한다. 그 다음은 페널티킥 지점(11미터), 페널티 박스(16.5미터)라인까지 갔다 오는 연습을 한다. 페널티 박스까지 연습을 끝냈으면 주발을 이용해 똑같이 연습한다. 약발과 주발 똑같이 한 세트씩 하는 것이다. 이 연습을 하면 양발 드리블 능력이 분명 향상될 것이다. 드리블을 할 때 공 터치 수를 세어 보고, 같은 거리에서의 터치 숫자를 늘리자. 그리고 시간을 재면서 시간을 점점 단축시키는 연습을 하자.

주의해야 할 점 : 턱을 들고 다음 동작을 이어갈 방향으로 시선을 두자. 터치를 짧게 해서 수비수로부터 공을 지킬 수 있는 안전한 거리를 유지한다. 무릎을 구부려 좌우 움직임을 빠르게 가져가는 동작은 수비수를 제치는 데 도움이 될 것이다.

박스 안 슈팅

숏

골 에어리어 또는 페널티 에어리어 박스 안에서의 슈팅은 멀리서 차는 숏과는 다른 기술이 필요하다. 파워와 스피드보다는 방향과 컨트롤이 중요하다. 페널티 박스 안은 대개 선수들로 가득 차 있기 때문에 골대를 향한 시야가 가려지기 쉽다. 시야가 가려서 어려운 상황이긴 하지만 골키퍼 역시 어렵기는 마찬가지다. 골키퍼는 시야를 확보하기 어려울 뿐만 아니라 상대 공격수가 찬 공이 굴절되는 경우도 있기 때문이다. 박스 안에서 슈팅을 할 때는 이 세 가지 요소에 주의하자.

1. 자신감을 갖고 과감하게 슈팅하라. 숏을 시도하지 않으면 골 역

시 얻을 수 없다. 최악의 경우 골을 못 넣을 수도 있지만 최고의 경우에는 골을 넣어 팀을 도울 수 있다.

2. **골대 안으로 패스하듯이 정확하게 차라.** 공을 강하게 차지 말고 정확하게 맞추는 것에 집중해야 한다.

3. **빠른 스텝으로 움직이면서 균형을 잡아라.** 공을 찰 때 넘어지거나 다리가 벌어지면 목표 지점으로 좋은 슈팅을 할 수 없다.

위의 3가지를 명심한 다음에는 슛의 종류와 어디로 슈팅을 할지를 고민해야 한다. 골대 안쪽으로 공을 차서 골키퍼가 반드시 슈팅을 막기 위해 점프를 하게끔 해야 한다. 골대 바깥쪽으로 공을 차면 리바운드 기회나 슈팅이 굴절이 되는 상황이 나오지 않는다. 가능하면 골키퍼가 막기 힘든 높이인 지면과 무릎 사이로 찬다. 다만, 골대 바로 앞에서 슈팅할 기회가 있을 때는 높이와 상관없이 차도 괜찮다. 멀리서 슛을 한다면 리바운드 기회나 굴절이 발생하게끔 골대 안쪽으로 차자.

골키퍼 앞 슈팅

패스, 숫

　숫을 하기 전에 스스로에게 "이 상황에 어떻게 대처해야 할까?" 하고 물어보자. 골대는 절대로 움직이지 않고 골키퍼는 공격수가 마음대로 컨트롤할 수 없다. 선수는 오직 공과 자신의 움직임만 컨트롤할 수 있다. 그렇기 때문에 연습이나 경기 중에 숫을 할 때는 자신의 움직임에만 집중하면 된다.

　센터 서클(경기장 중앙)에서 골대를 바라보고 선 다음 10미터 정도 공이 전방으로 굴러 가도록 앞으로 공을 툭 차고 그 후 공을 쫓아가는 첫 터치는 자신의 주발 방향으로 한다. 고개를 들고 페널티 박스 쪽으로 시선을 둔다. 페널티 박스까지 다가간 뒤 숫을 하기 가장 좋은 위치는 골라인과 연결되어 있는 골 에어리어(5.5미터)에 도달했을 때다.

고개를 들고 호흡을 한 후 반대 코너 방향으로 인사이드 킥을 이용해 공을 패스하듯 보낸다. 골키퍼가 없기 때문에 인사이드 패스하듯 정확하게 공을 보내는 연습을 하자. 주발과 약발 모두 이용해서 반복 연습을 하는 것이 중요하다.

골키퍼와 함께 연습하기 전에 골키퍼 없이 양발을 모두 이용해 적어도 30번 이상 이 연습을 하자. 움직임의 패턴을 익혀 스스로 컨트롤하는 능력을 발전시키는 것을 목표로 삼자.

골키퍼와 함께 연습을 할 때는 인내심이 필요하다. 득점에 성공하거나 실패하는 두 가지 상황이 생길 것이다. 공을 잘 간수하면서 몰고 가 목표 지점으로 정확하게 공을 차면 득점 확률이 높아진다. 지속적으로 이러한 슛을 시도하면 득점에 성공할 수 있다.

크리스틴 싱클레어

생년월일: 1983년 6월 12일 **포지션:** 공격수, 공격형 미드필더

팀: 포틀랜드 손스, FC골드 프라이드, 웨스턴 뉴욕 플래시, 캐나다 국가대표

크리스틴 **싱클레어**는 FIFA U19 여자 세계 선수권 대회에서 10골을 득점하며 혜성처럼 등장한 선수로 이 대회에서 조국 캐나다를 준우승으로 이끌었다. 세계 대회에서 보여준 그녀의 활약에 사람들은 놀라움을 금치 못했다. 그녀는 대회 전부터 이미 캐나다에서 많은 경험을 했고, 포틀랜드 대학교에서도 활약을 펼치고 있었다.

싱클레어는 포틀랜드 손스에서 2002년과 2005년 두 차례 팀을 우승으로 이끌었다. 포틀랜드에서 뛰는 동안 그녀는 94경기 110골 32 어시스트를 기록했다. 그 후 그녀는 FC골드 프라이드와 웨스턴 뉴욕 플래시에서도 팀을 우승시켰고, 2013년 포틀랜드 손스로 돌아와 팀을 다시 한번 우승시켰다. 그녀는 자신이 뛴 모든 팀의 우승을 도왔다. 좋은 선수는 좋은 팀을 만든다!

싱클레어는 현재까지 현역 선수로 활약하고 있지만, 그녀의 선수 생활 중 최고의 순간은 2012년 런던 올림픽 준결승에서 환상적인 해트트릭을 기록한 순간일 것이다. 비록 미국과의 경기에서 3-4로 졌지만, 그녀는 이 경기에서 혼자 3골을 기록했고, 여자 축구 역사상 최고 수준의 활약을 펼쳤다.

무엇이 싱클레어를 슈퍼스타로 만들었을까? 그녀는 득점만 많이 하는 타입의 선수가 아니라 팀 플레이어였다. 상대 선수들에게 둘러싸였을 때는 공간을 만들기 위해 노력했고, 동료들에게 많은 찬스를 만들어줬다. 그래서 동료들이 득점할 수 있었다. 또 경기가 잘 안 풀릴 때는 다른 동료 선수들이 그녀에게 의지했는데, 그럴 때마다 그녀는 경기의 흐름을 바꿔줄 무엇인가를 해냈다. 그녀는 소속 클럽과 대표 팀에서 많은 득점 기록을 갖고 있지만, 그녀의 가장 큰 능력은 훌륭한 리더십이었다. 그녀는 팀 플레이어이자, 진정한 슈퍼스타다.

바깥 발로 감아 차기(아웃프런트)

패스, 숏

바깥 발로 감아 차기는 경기 중에 가장 사용하기 힘든 스킬 중 하나다. 그러나 인내심을 갖고 연습을 계속하면 이 중요한 스킬을 익힐 수 있을 것이다. 아웃사이드 킥은 공의 정확한 부분을 맞추는 것이 가장 중요하다. 힘보다는 정확히 맞추는 것에 집중하자. 정확히 맞출 수 있게 된 후에 힘을 싣는 연습을 한다.

공에 회전을 주는 것이 1차적인 목표다. 오른발로 숏을 하면 시계 방향, 왼발로 숏을 하면 시계 반대 방향으로 회전이 걸린다. 회전이 핵심이다. 혼자 혹은 동료와 함께 15~20미터 떨어져서 정지해 있는 공으로 연습을 하자.

보통 디딤 발은 공 옆에 두는데, 이 킥을 할 때는 공을 차고 나갈

바깥 발로 감아 차기

공간을 만들기 위해 공보다 약간 뒤쪽에 두는 것이 좋다. 공을 찰 때 발가락은 아래쪽, 뒤꿈치는 위쪽을 향하게 한다. 이 킥은 디딤 발의 안쪽 바로 옆으로 공을 차게 될 것이다. 공에서 시선을 떼지 않고 공의 회전을 지켜보자. 그리고 공을 찬 후에는 디딤 발 앞쪽에 발을 내려놓는다. 발의 아주 작은 부분만을 사용해서 킥이 이뤄지기 때문에 이 스킬을 습득하려면 인내심을 갖고 연습해야 한다.

SECRET 5

직관

경기장에 가서 경기를 직접 보면 경기장 전체에서 무슨 일이 일어나는지 확인할 수 있다. 경기 중에 일어나는 일을 보는 것만으로도 큰 도움이 된다. 지금 당장 동네 지역 팀 경기 일정부터 확인해보자.

헤딩

패스, 숫

헤딩은 축구 선수가 되기 위해 익혀야 할 중요한 기술이다. 헤딩 능력이 없다면 최상위 레벨의 리그에서 뛰기 어렵다. 헤딩을 제대로 배우지 않으면 헤딩을 할 때 위험한 상황이 나올 수도 있다. 정확한 헤딩 능력은 좋은 선수가 되는 데 도움이 된다. 그러나 좋은 선수가 되는 것보다 중요한 것은 안전하고 건강하게 축구를 하는 것이다.

헤딩을 할 때는 아래 두 가지를 고려한다.

- 공을 멀리 보내는 것보다는 정확하게 머리를 공에 맞추는 것에 집중하자.
- 머리를 공에 맞춰라. 공을 머리에 맞추는 것이 아니다.

헤딩 연습을 할 때 가장 좋은 코치는 자기 자신이다. 공을 위로 던져 헤딩을 하고 다시 손으로 잡는 동작을 반복한다. 이마의 2/3 지점을 맞춰라. 머리 윗부분으로 헤딩을 하면 아프고 위험하다. 이마에 맞추는 것에 익숙해지면 5~10미터 떨어진 지점에서 던진 공을 헤딩하는 연습을 하고, 점점 더 멀리서 오는 공을 헤딩하는 연습을 한다.

경기 중 수비 상황에서 헤딩을 할 때는 공을 높게 멀리 보내야 한다. 반대로 공격 상황에서는 아래쪽으로 보내야 한다.

헤딩은 복잡한 기술이다. 연습 과정에서 코치가 도와줄 수도 있지만 혼자서도 할 수 있다. 안전한 연습 방법을 유지하면서 정확하게 맞추는 것이 핵심이라는 사실을 잊지 말자.

전술
STRATEGIES

경기 관찰을 통해 배우기

수비

    경기력을 향상시키는 데 연습보다 좋은 방법은 없다. 하지만 연습 외에 실력을 향상시킬 수 있는 방법이 하나 더 있다. 경기장에 직접 가서 축구 경기를 보는 것이다. TV 축구 중계로 경기를 보면 카메라는 공을 가진 선수들을 따라간다. 집에서 TV를 보는 시청자들은 보통 공을 가진 상황에서 어떤 일이 벌어지는지를 보고 싶어 하기 때문이다. 그러나 경기장에 직접 가면 공이 없는 상황에서 선수들이 어떻게 움직이는지 볼 수 있다.

    프로팀 코치들은 왜 다른 팀 경기를 보기 위해 직접 경기장을 찾아갈까? 집에서 앉아 남들처럼 TV로 볼 수 있는 데도 말이다. 그들은 TV 화면에서는 볼 수 없는 장면을 보기 위해 경기장을 찾는다.

예를 들어, 공격 상황에서 조직된 포메이션이나 패스 후 선수들의 움직임, 공이 미드필드 지역에 있을 때 공격수의 움직임 등을 관찰할 수 있다. 꼭 프로팀이 아니라도 지역 팀이나 대학 경기를 찾아가 보는 것만으로도 많은 것을 배울 수 있다.

경기를 보러 갈 때 노트를 들고 가서 메모하는 습관을 들이자. 메모 없이 모든 것을 기억할 수는 없다. 실전 경기에서 뛰는 많은 선수들의 플레이를 보는 것은 최고 레벨 선수들이 보여주는 움직임을 이해하는 데 도움이 된다. 특히, 자신과 같은 포지션의 선수를 관찰하는 것은 그들의 기술과 움직임을 배울 수 있는 최고의 방법이다.

여러분이 공격수나 윙어라면 같은 포지션의 선수가 공이 없을 때 어떻게 움직이는지 집중적으로 확인해야 한다. 각 상황에서 어디에 위치해 있는지, 몸의 자세는 어떤지, 수비 가담을 하는지, 쉬고 있는지, 다리가 움직일 준비가 되어 있는지 등을 자세히 관찰하자. 가장 눈 여겨 봐야 할 움직임은 공을 받은 후에 공격으로 전환하는 상황이다. 역습 상황에서의 패턴을 확인하고 배울 점이 있는지 확인하자.

수비수는 빌드업을 어떻게 시작하는지 눈여겨보자. 각 상황에서 어디에 위치해 있는지, 공격 가담을 하는지, 뒤에 머물러 있는지, 수비 시 어떻게 대열을 준비하는지, 공이 없는 상황에서 자신이 마크해야 하는 선수와 얼마나 가까이 서 있는지, 공이 다가올 때 어떻게 공간을 좁히는지 등을 자세히 확인하자. 이러한 장면에서 좋은 움직임을 이해한다면 더 나은 수비수가 될 수 있다.

여러분이 미드필더라면 당연히 미드필더 선수들의 움직임을 보는 것이 좋다. 얼마나 자주 공을 소유하는지, 공을 가졌을 때 어떤 동작을 하는지, 얼마나 자주 공을 뺏고 잃는지 등을 자세히 관찰하자. 같은 포지션의 잘하는 선수를 보는 것은 훌륭한 선수가 되는 좋은 방법이다.

또 선수들이 팀으로서 어떻게 움직이는지 15~20분 정도 시간을 들여서 집중하면서 지켜보자. 공격은 어떻게 하는지, 빌드업 과정에서 롱패스를 사용하는지 쇼트 패스를 사용하는지, 중앙을 이용해 공격을 하는지 사이드를 이용해 공격하는지, 공을 잃었을 때 팀 전체가 어떻게 움직이는지, 자신의 골대 앞에서 밀집 수비를 하는지, 압박을 통해 공을 뺏는 시도를 하는지 등을 자세히 관찰하자.

이렇게 경기를 집중해서 관찰하는 것은 좋은 선수가 되는 데 도움을 준다. 경기를 잘 관찰하는 것만으로도 코치에게 좋은 인상을 줄 수 있다.

패턴 기억하고 예측하기

패스

축구 경기를 볼 때 무슨 일이 발생하고 있는지 정확히 파악하는 것은 쉽지 않다. 오히려 예상치 못한 혼란스러운 상황이 많이 발생하는 경우가 많다. 선수들의 연령이 높아질수록 축구는 점점 조직화되어 가고 있다. 현재 여러분과 여러분의 동료들은 배우는 단계이기 때문에 경기장 곳곳에서 발생하는 많은 일들이 불규칙적인 사건의 연속인 것처럼 보일지 모른다. 그러나 경기에서 발생하는 패턴을 분명히 인식하고 다음에 발생할 일을 예측하는 능력을 가지는 것은 매우 중요하다.

축구 경기를 보는 것을 좋아하는 영화를 보는 것과 비교하면서 이해해보자. 매주 같은 영화를 연속해서 본다고 가정하면 우리는 매번 똑같은 장면을 계속 본다고 할 수 있다. 주인공 소개부터 시작해서 마지막에 주인공이 이기는 장면까지 말이다. 영화는 1초당 24프레임이며, 각각의 프레임은 언제 보더라도 항상 정확히 같은 순서로 이어진다. 책도 마찬가지다. 언제 책을 읽더라도 첫 페이지부터 시작해 마지막 페이지까지 내용이 똑같다.

이와 같은 개념으로 축구 경기를 생각해보자. 축구 경기에서 똑같은 장면은 시작과 끝 장면뿐이다. 심판이 휘슬을 불면 시작하고 끝날 때 다시 한번 휘슬을 분다. 축구에도 골킥, 프리킥, 코너킥, 스로인, 파울, 오프사이드, 득점, 패스 미스, 좋은 패스같은 다양한 구성 요소들이 있다.

다만, 축구와 영화에는 차이가 있다. 바로 진행 순서다. 축구에는 절대 같은 순서로 사건이 발생하지 않는다. 거의 모든 경기가 대부분 다른 순서로 사건이 발생한다. 이러한 원리를 이해하면 패턴을 인식하고 예측하는 기술을 발전시키는 것이 얼마나 중요한지 이해할 수 있다.

코치에게 세계 최고의 선수가 갖고 있는 능력이 무엇이냐고 묻는다면 대부분의 코치들은 아마도 "최고의 선수는 항상 다음에 발생할 일을 미리 알고 있다"라고 답할 것이다. 최고의 선수라도 다음에 무슨 일이 발생할지 정확하게는 모른다. 하지만 그들은 공이 다가올 때 무슨 일이 발생할지 '느낌'으로 알 수 있다. 그것은 그들이 패턴 인식 능력을 갖추고 있기 때문이다. 그들은 경기 또는 훈련에서 발생했던 일들을 기억하고 있고, 어떤 상황이 발생했을 때 그 전에 있었던 기억을 기반으로 빠른 결정을 내릴 수 있다. 최고의 선수도 모든 상황을 정확히 예측할 수는 없다. 그러나 여러분이 경기 중 상황을 미리 인지하고 정확하게 반응한다면 모든 사람들이 여러분의 능력을 알아볼 것이다.

훈련

패턴 인식 능력을 기르는 좋은 방법은 친구와 '가위바위보' 게임을 하는 것이다. 친구의 움직임과 패턴에 집중하면서 다음에 무엇을 낼지 예측해보자.

STRATEGY

3

공간 인식하기

달리기

축구 경기를 할 때 여러분의 가장 중요한 목표 중 하나는 공간을 찾는 것이다. 더 구체적으로는 열린 공간을 찾거나 패스를 받을 수 있는 공간을 찾는 것을 말한다. 축구 경기장은 약 9,000제곱미터 정도로 넓지만 경기 중에는 간혹 공간을 찾는 것이 굉장히 어려울 때도 있다. 강한 팀이나 강한 선수를 상대할 때면 공간을 찾는 것이 더욱 어려워진다. 공간을 찾는 능력은 반드시 연마해야 할 스킬이다. 특히 상대를 무너뜨릴 수 있는 공간을 찾는 능력이 중요하다. 이 능력을 갖추기 위한 핵심 조건은 자기 주변의 공간을 미리 인식하고 있는 것이다. 코치들은 종종 경기 중에 "공간을 잘 살펴라" 하고 외칠 것이다.

그렇다면, 공간 인식 능력은 어떻게 하면 향상시킬 수 있을까? 가장 중요한 것은 어깨 너머로 주변을 계속해서 살펴보는 것이다. 경기장 전체를 확인하면서 어디에 공간이 있는지 미리 알고 있어야 한다. 이러한 능력을 갖추면 어디에 선수들이 있는지 확인하고, 어디서 선수들이 다가오고 있고, 어디로 움직이고 있는지 알 수 있다. 또한 많은 사람들 가운데 자신이 어디에 위치해 있는지도 알게 된다.

경기장은 넓고 공간은 많다. 대부분의 선수들은 공에만 집중하고 공과 관련 없는 지역에서 발생하는 일에는 집중하지 않는다. 그러나 팀을 도우려면 공을 가진 선수의 주변 공간도 중요하게 인식해야 한다. 공간을 차지할 때는 좋은 공간, 더 좋은 공간, 최고의 공간을 인지하고 찾아내는 능력이 중요하다.

공의 '뒷공간'을 차지하는 것이 좋다. 뒷공간을 차지한다는 것은 공보다 자신의 골대 쪽에 가까운 공간을 미리 점유한다는 의미이다. 뒷공간을 차지하면 경기장에서 무슨 일이 발생하는지 알 수 있다. 자신의 팀이 뒤로 물러나는 상황이라면 더 빠르게 움직일 필요가 있다. 곧 상대 공격의 압박이 다가온다는 뜻이기 때문이다.

공이 경기장 가운데 공간에 있다면 사이드 지역의 공간을 찾는 것이 좋다. 이 공간으로 움직이면 상대 수비수가 경기장을 가로질러 더 많이 움직여야 하기 때문이다. 공이 사이드 지역에 있다면 선택할 수 있는 옵션이 제한된다. 오직 앞, 뒤, 안쪽으로만 움직일 수 있다. 가장 좋은 공간은 자신의 골대보다 상대 골대와 가까운, 공보다 앞쪽에 있는 공간이다. 이런 위치에서 자유로운 공간을 갖는 것은 굉장히 어려운 일이기 때문에 그럴 때의 상황 인식 능력은 더욱 중요하다.

공이 어디에 있는지 지속적으로 확인하자. 수비수들은 공이 있는 쪽으로 이동하기 때문에 수비수들이 어디에서 오고 있고, 수비수들로부터 공간을 확보할 수 있는지 확인해야 한다.

수비수들은 자신의 수비 진영에서 공을 드리블하며 달려오는 상대 선수를 막으려고 하지 않을 것이다. 그다지 위협적이지 않기 때문이다. 그러나 이런 움직임을 통해서 상대가 커버하지 못하는 열린 공간으로 들어간다면, 자신의 팀에 큰 도움을 줄 수 있다. 경기장 중앙에서 사이드로 달리면 상대가 막기 쉽기 때문에 공간이 생기지 않을 것이다. 반대로 사이드에서 안쪽으로 달리면 더 좋은 상황이 만들어질 것이다. 공을 갖지 못하더라도 바깥쪽에서 안쪽으로 움직임을 자주 가져가는 것이 좋다.

상황 인식과 주변을 살피는 능력은 공간이 어디에서 생길지 예측하는 능력을 향상시켜 준다.

패스 받기

친구들과 연습하기

축구를 할 때 공에서 눈을 떼는 것은 어려운 일이다. 공이 어디에 있는지 항상 알 수 없기 때문이다. 심지어 공이 발 앞에 있을 때도 공에서 눈을 떼기란 쉽지 않다. 시간이 지나 경험이 쌓이면 가능할 수도 있다. 공이 다가올 때 고개를 들고 몸을 열면서 공을 받는 스킬을 갖춘다면 경기 중에 큰 도움이 될 것이다.

팀 동료를 정면으로 바라보는 자세로 패스를 받으면 받은 직후에 리턴 패스밖에 할 수 없기 때문에 이는 좋지 않은 자세다. 몸의 자세를 열고 패스를 받으면 다음 동작을 이어 가거나 패스를 줄 공간을 확인할 수 있다. 간단하게 들리겠지만 많은 선수들이 이 동작을 쉽게 숙달하지 못한다. 따라서 여러분이 이 동작을 할 수 있다면 팀에 큰 자산이 될 것이다.

이 간단한 동작들이 여러분의 축구 실력을 향상시켜줄 수 있다. 이 동작을 더 편안하게 사용할 수 있게 되면 주변 공간을 더 잘 파악할 수 있을 것이다. 주변을 미리 확인하는 습관을 들이면 더 많은 정보를 얻을 수 있고, 다음 동작을 위해 더 좋은 판단을 할 수 있다. 이 스킬에 숙달되면 특별히 힘을 들여서 볼을 다루지 않고도 패스에 실린 힘을 그대로 이용해서 자신이 원하는 방향으로 나아갈 수 있다.

훈련

이런 움직임을 배우는 가장 좋은 방법은 동료와 연습하는 것이다. 10미터씩 떨어져서 간단한 패스를 하자. 공이 다가올 때 왼발을 뒤로 움직이면서 어깨는 공을 주는 선수를 바라보도록 옆으로 선다. 공이 오른발을 지나치게 한 후에 왼발로 컨트롤하면서, 다음에는 왼발과 오른발을 바꿔가며 공 받는 연습을 반복해서 하자.

온사이드 유지하기

달리기

오프사이드로 골이 취소되는 순간은 선수, 감독 그리고 축구 팬 모두에게 경기 중 가장 논란이 되는 장면 중 하나이다.

오프사이드 규정은 여러 차례 바뀌어 왔고, 축구 팬 사이에서도 많은 논쟁의 대상이었다. 아주 많은 코치들이 오프사이드 판정에 대해 심판들에게 항의했지만 의미 없는 일이었다. 심판이 오프사이드라 판정하면 오프사이드이기 때문이다(비디오 판정 도입으로 이런 논란은 점차 사라져가고 있다). 오프사이드 규정이 자주 바뀌는 것처럼 보이지만 공을 전방으로 패스하는 순간 팀 동료 공격수와 상대팀 골라인 사이에 상대 팀 선수가 2명보다 적으면(골키퍼 포함) 오프사이드라는 기본 규칙에는 변함이 없다. 선수들이 움직이는 상황에서 패스가 발

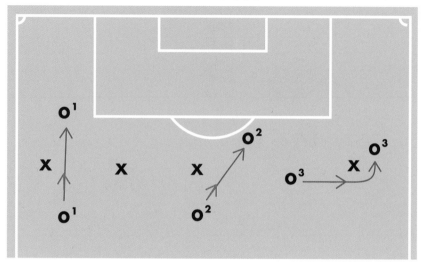

선수 **O¹**의 나쁜 움직임 (직선 달리기)
선수 **O²**의 좋은 움직임 (대각선 달리기)
선수 **O³**의 최고의 움직임 (마지막에 돌아 달리기)

생하면 판단을 내리기가 더욱 어렵다.

온사이드 위치에 있으려면 어떻게 해야 할까? 항상 상대 팀 최종 수비 라인을 인식하고 있어야 한다. 턱을 아래로 하고 상대 수비수가 어디 있는지 살며시 확인하며 상황에 맞게 위치를 바꿔야 한다. 사이드 지역에서 온사이드 위치를 유지하는 것은 조금 더 쉽다. 발끝과 몸의 방향은 경기장 가운데를 향하게 하고 몸을 앞으로 열면 상대 수비 라인을 확인할 수 있다. 단, 자신이 경기장 중앙에 위치해 있다면 조금 어려워진다. 고개를 돌려가며 수비 라인을 확인해야 하기 때문이다. 주변 상황을 잘 인식하고 있으면 원할 때 좋은 찬스를 만들어낼 수 있다. 물론, 오프사이드에 걸려도 세상이 끝나는 것은 아니다. 모든 실수는 다 배움의 기회이며, 배움은 언제나 가치 있는 행동이다.

온사이드를 유지하는 또 다른 방법은 공을 받기 위해 움직이는 행동에 달려 있다. 직선으로 달려갈 경우 패스가 자신이 생각한 것보다 늦게 오면 오프사이드에 걸린다. 만약 공이 늦게 오는 경우 공을 그냥 흘려 보내고 온사이드 위치로 돌아 나와 최대한 빠르게 팀 동료들을 도우면 된다. 가장 좋은 움직임은 패스가 나오기 바로 직전에 수비수 앞으로 돌아 들어가며 경기장을 가로질러 달리는 것이다. 대각선으로 수비수를 가로지르는 것이 좋다. 2~3걸음 뒤쪽에서부터 달리기 시작해 패스가 오는 것을 확인하고 타이밍에 맞춰 달리면 열린 공간을 차지할 수 있다.

또 한 가지 중요한 것은 오프사이드에 걸렸을 때의 행동이다. '고양이와 쥐' 게임처럼 오프사이드 트랩을 깬다고 생각해보자. 때로는 온사이드에 있는데도 오프사이드에 걸리고, 오프사이드 상황인데도 온사이드로 인정받기도 한다. 여러분이 오프사이드 판정에 어떻게 반응하는지도 중요하다. 축구는 실수의 게임이고, 실수가 나온 상황에서 어떻게 반응하는지가 중요한 게임이기도 하다. 오프사이드에 걸렸다고 크게 항의한다면 다음번에 비슷한 상황이 나왔을 때 피해를 받을 수도 있다.

측면 포지션에서 해야 할 일

수비, 패스, 달리기

축구에서 가장 많은 임무가 부여되는 포지션 중 하나는 측면 미드 필더다. 3명의 선수를 전방에 세울 때 측면 스트라이커 역시 마찬가지다. 이 포지션을 맡는 선수는 영리하게 플레이할 줄 알아야 하고, 그렇지 못하면 굉장히 많은 거리를 뛰어야 한다.

팀 동료는 측면 미드필더에게 수비 시에는 수비 가담을, 공격 시에는 공격 가담을 요구한다. 팀 동료를 돕기 위해 경기장 위 아래로 계속 뛰면 지칠 수밖에 없고, 지치면 스킬을 쓸 때 실수가 나오거나 좋지 않은 판단을 하게 된다. 그렇다면 어떻게 해야 효율적으로 움직이면서 팀 동료를 도울 수 있을까?

우선 경기나 훈련 전에 코치가 무엇을 요구하는지 물어봐라. 코치가 공격적인 역할을 원한다면 팀이 수비하는 상황에서 얼마나 깊은 수비 지역까지 가담해야 하는지 자세히 물어라. 이러한 대화는 팀이 공을 빼앗았을 때 좋은 위치 선정을 할 수 있게 도울 것이다. 반대로 코치가 수비적인 역할을 부여한다면 공격 상황에서 얼마나 깊은 지역까지 가담해 팀 동료를 도와야 하는지 물어라. 코치에게 물을 때 가장 중요한 점은 공의 소유권을 얻었을 때의 위치를 묻는 것이다. 자신이 어디에 위치해 있어야 하며 얼마나 많은 공간을 커버해야 하는지 알아야 한다. 이러한 정보를 알게 되면 팀을 도울 더 많은 기회가 생길 것이다.

첫 터치를 안전한 방향으로 컨트롤해서 공을 안전하게 소유하는 것 역시 중요하다. 몸을 열고 측면 쪽에서 중앙 쪽을 바라보고 서서 경기장 전체를 바라봐야 한다. 그래야 더 좋은 시야에서 좋은 결정을 할 기회를 얻을 수 있다. 패스를 보내고 난 후에는 패스를 받을 수 있는 위치로 이동하거나 공간을 만들기 위해 움직여야 한다. 경기를 많이 하다 보면 이 모든 동작이 점점 쉬워질 것이다. 이러한 상황에서는 옳고 그름이 없다. 단지 여러분이 본 것을 바탕으로 빠른 결정을 내려야 한다. 결정을 내리는 것을 두려워하지 마라. 그것이 여러분의 코치가 여러분에게 원하는 것이다.

수비 상황에서 스스로 생각해야 할 첫 번째 질문은 "내가 팀을 도울 수 있는 위치에 있는가?"이다. 만약 그 대답이 "맞다"라면 좋은 위치에 있는 것이다. 만약 대답이 "아니다"라면 "좋은 위치로 빠르게 움직일 수 있는가?"라는 질문을 해야 한다. 수비 상황에서 가장 쉬운 방법은 자신의 골문 쪽으로 가까이 가는 것이다. 그러나 포백 수비수들과 너무 가까이 서 있다면 상대가 차지할 수 있는 공간을 내주기 때문에 상대 팀에게 도움이 된다. 또한 다음 공격 상황에서는 팀에 도움이 되지 않는다.

측면 위치에서 플레이하는 것은 어려울 수 있다. 하지만 경험이 쌓일수록 점점 쉬워질 것이다. 코치와 우선적으로 해야 할 역할에 대해 대화를 나눠라. 팀이 성공하려면 측면을 잘 활용하는 선수들이 필요하다.

공보다 뒤에 서기

수비

   팀이 소유권을 잃었을 때 첫 번째로 해야 할 일은 팀의 수비를 도울 수 있는 위치로 이동하는 것이다. 팀이 경기에서 50%의 점유율을 가졌다는 가정 하에 수비 상황에서 팀을 돕지 않는다면 그것은 그 선수가 경기의 50%만 뛰었다는 것을 의미한다. 학교 시험에서도 50%의 답만 적었다면, 그 50%를 정확히 맞추더라도 50점을 받아 'F' 학점을 받아 낙제하거나 불합격될 것이다. 팀에게도 피해가 되는 것은 물론이다.

   팀이 공의 소유권을 잃었을 때 스스로 해야 할 첫 질문은 "팀 수비를 도울 수 있는 위치에 있는가?"이다. 그 대답이 "아니다"라면 최대한 빠르게 알맞은 위치로 이동해야 한다. 일반적으로 공을 잃었을 때는 공의 뒷공간을 커버하도록 시도해야 한다. 이는 공보다 자신의 골대에 더 가까이 있는 공간을 의미한다. 수비수가 자신의 골대와 공 사이에 위치해 있다면 상대가 득점을 하기 위해서는 그 수비수를 우선 통과해야 한다. 상식처럼 들리지만 의외로 많은 선수가 이 부분에 주의를 기울이지 못하고 선 채로 상대 공격을 바라보곤 한다. 선수가 뒷공간을 커버하는 움직임을 보여준다면 코치는 팀플레이를 보여주는 그 선수의 행동을 고맙게 여길 것이다. 최전방 공격수 역시 커버하기 위해 노력해야 하고 미드필더들을 도와야 한다. 이 책에서 언급된 슈퍼스타들 역시 항상 팀을 위해 헌신하고 있다.

어떻게 공의 뒷공간으로 돌아와 팀을 돕는 것이 좋은지 살펴보자. 팀이 소유권을 잃으면 곧바로 후방으로 돌아와라. 자신이 서 있는 위치에서 자신의 팀 골대 가운데까지 일직선을 그려보자. 이 선이 바로 자신이 되돌아가야 하는 가장 빠른 길이다. 때때로 자신의 골대 쪽으로 달리는 움직임만으로도 상대의 계획을 방해할 수 있고, 팀 동료를 도울 수 있다. 측면에 위치해 있다면 가능한 한 빠르게 공보다 안쪽으로 들어가도록 시도하자. 공보다 더 경기장의 중앙 쪽에 위치하는 것을 의미한다. 자신이 중앙 지역을 막는다면, 다른 팀 동료가 측면에서 상대 공격수를 막기가 더 수월해진다.

공에 가까워졌을 때는 공을 뺏기 위해 시도할지 동료 수비수를 도울 공간을 차지할지 결정해야 한다. 공을 가진 상대 선수 가까이에 우리 편 수비수가 없다면 공에 다가가 압박을 가해야 한다. 백태클은 파울이라는 것을 잊지 말자. 팀 동료가 공을 가진 상대 선수 가까이에 있다면 가까이 접근만 해서 공이 전진하지 못하도록 팀 동료를 돕자.

다시 한번 강조하자면 가능한 한 빠르게 돌아와야 한다. 공 안쪽으로 그리고 경기장 안쪽으로 움직여라. 상대 선수 근처에 우리 편 선수가 없으면 압박을 하고 이미 수비수가 있는 경우에는 그 동료를 도와라.

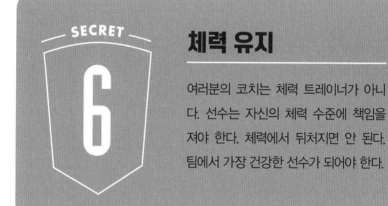

SECRET 6

체력 유지

여러분의 코치는 체력 트레이너가 아니다. 선수는 자신의 체력 수준에 책임을 져야 한다. 체력에서 뒤처지면 안 된다. 팀에서 가장 건강한 선수가 되어야 한다.

미아 햄

생년월일: 1972년 3월 17일 **포지션:** 공격수

팀: 미국 국가대표

여자 축구는 전 세계적으로 인기 있는 스포츠이고, 특히 미국에서 인기가 많다. 여자 축구 역사상 가장 큰 영향을 끼친 선수는 미아 햄이다. 그녀는 신장 165cm의 선수이지만, 경기장 안에서는 가장 큰 선수였다.

경기장에서 미아 햄은 마치 위협적인 포식자 같은 선수였다. 공간을 만들어 내는 그녀의 움직임은 환상적이었고, 많은 동료들이 그녀가 만든 공간을 이용해 득점을 할 수 있었다.

미아 햄은 미국 국가대표로 275경기를 뛰며 158골을 기록했다. 이는 아주 뛰어난 경기당 득점률이다. 그녀는 1991년과 1999년 여자 월드컵 우승 멤버였고, 1996년과 2004년 올림픽에서도 우승컵을 들어올렸다. 그리고 2004년 올림픽 이후에 은퇴했다. 그녀는 대학 시절(노스 캐롤라이나 대학교) 내내 오직 단 한 번 패했다. 좋은 선수는 좋은 팀을 만든다. 그녀는 자신이 뛴 모든 팀을 강팀으로 만들었다.

미아 햄은 축구 선수로서 경기장에서 엄청난 영향력을 가진 선수였다. 그러나 그에 못지않게 경기장 밖에서도 큰 영향력을 발휘했다. 그녀는 여자 축구의 상징이자 어린 선수들의 롤모델이 됐다. 그녀가 처음 축구를 할 당시 여자 축구는 큰 관심을 받지 못했다. 그러나 2004년 그녀가 은퇴하던 시기에 여자 축구는 전 세계 100만 시청자가 보는 중요한 스포츠가 됐다. 그녀는 여자 축구의 이러한 인기를 가능하게 만들어 준 선수였고, 여자 축구 사상 첫 슈퍼스타였다.

스로인 던지기

패스

경기당 평균 45개의 스로인 상황이 생긴다. 이는 한 팀당 22.5번 정도의 스로인 찬스가 생기며, 그 기회가 경기의 중요한 부분을 차지한다는 것을 의미한다. 스로인 후에 공의 소유권을 잃지 않을 수 있다면 그만큼 팀이 공을 소유하는 시간은 길어진다. 공을 오래 소유하는 것이 반드시 승리로 이어지는 것은 아니지만 상대 팀의 공 소유 시간을 적게 만든다면 상대 팀은 여러분의 팀을 이기기 어려워질 것이다.

스로인 상황에서 반드시 알아야 할 몇 가지 중요한 것들이 있다. 한 명의 팀원으로서 팀을 돕기 위해 어떻게 해야 하는지 알고 있다면 도움이 될 만한 것들이다.

스로인을 할 때 서두르면 파울을 하기 쉽다. 다음 규칙을 잊지 마라.

- 경기장을 바라봐야 한다.
- 두 다리가 모두 터치라인 위 또는 터치라인 뒤에 있어야 한다.
- 두 손을 모두 사용해야 한다.
- 공을 머리 뒤에서부터 넘겨 던져야 한다.

스로인을 할 때는 공을 받는 동료 선수가 한 번의 터치로 컨트롤을 할 수 있게 던져야 한다. 그리고 다음 동작을 쉽게 이어나갈 수 있게 해야 한다. 손으로 하는 패스라고 생각하면 된다. 최고의 패스는 동료 선수의 발로 주는 패스다. 머리로 패스를 줘도 괜찮다. 그러나 얼굴이나 어깨, 가슴, 손목 위치로 던지면 좋지 않다. 공을 컨트롤하기 어려워 공을 잃기 쉽기 때문이다. 패스라고 생각하면서 팀 동료가 다음 동작을 좋게 가져가게끔 최고의 기회를 만들어줘야 한다. 스로인을 던진 후 동료 선수를 도와줄 수 있는 공간으로 움직이는 것을 잊지 말자.

스로인 받기

수비, 패스

스로인을 받을 때 공 소유권을 잃지 않으려면 첫 터치를 안정적으로 하는 것이 가장 중요하다. 여러분에게는 공의 소유권을 지켜야 할 책임이 있고 그러기 위해서는 가능한 한 연습을 많이 해야 한다.

첫 터치뿐만 아니라 공을 받을 공간으로 움직이는 타이밍 역시 중요하다. 너무 빠르게 이동하면 수비수가 이미 다가와 있을 것이고 수비수들에게 둘러싸이기 쉽다. 그러면 스로인을 던지기 쉽지 않고, 스로인을 하더라도 공을 잃기 쉽다. 너무 늦게 던져도 좋지 않다. 스로인을 익히려면 충분한 연습이 필요하고 인내심이 있어야 한다.

마지막으로 중요한 것은 신체 어느 부위로 터치를 할 것인지 생각하는 것이다. 한 번의 터치로 처리하길 원한다면 발이나 머리로 받는 것이 좋다. 간단히 생각해서, 스로인 상황에서는 항상 공의 소유권을 잃지 않는 것에만 집중하면 된다.

알맞은 축구화와 유니폼 입기

경기에 알맞은 축구화를 신어야 한다는 것을 명심하자. 축구화나 유니폼 등으로 문제가 생긴다면 그것도 팀에 피해를 끼칠 수 있다.

기본 패턴 익히기

수비, 패스

　앞서 설명한 패턴 익히기를 기본적으로 이해하고 있다면, 이제는 다음에 일어날 일을 예측하고 어떻게 다음 동작을 이어가야 할지 알아보자. 그것을 할 수 있을 때 여러분은 분명 더 나은 선수가 될 수 있다.

　수비 시 모든 팀의 가장 중요한 임무는 상대 팀이 득점을 하지 못하게 막는 것이다. 여기에도 일정한 패턴이 있다.

　골킥 상황에서 센터백의 간격이 벌어져 있다면 중앙 미드필더가 공을 받기 위해 수비 라인 쪽으로 내려갈 것이라는 신호다. 이러한 상황이 발생하면 상대 팀은 공을 받으러 가는 상대 미드필더 선수 가까이 붙어서 공을 받는 것을 방해해야 한다. 이러한 압박은 공을 받은 상대 선수가 공 컨트롤 능력이 상대적으로 부족한 측면 선수에게 공을 보내게 만들 것이다.

코너킥 수비 상황에서 상대 선수 2명이 코너킥 지점에 함께 있다면 짧은 패스를 시도할 가능성이 높다. 짧게 이어 나가는 플레이를 막으려면 코너킥 지점으로 다른 수비수와 함께 달려 나가 2대 2 상황을 만들어야 한다. 이러한 압박은 상대 팀의 계획을 무산시킬 것이다.

상대 팀이 포백 라인에서 패스를 돌리면서 천천히 빌드업을 한다면, 상대 센터백 사이 공간에 서서 패스를 막아야 한다. 그 위치에 서 있으면 상대 팀은 한쪽 방향만 사용할 수 있고 우리 팀 선수들이 수비하기 쉬워진다.

상대 팀이 스로인을 하는 상황에서 자신이 마크해야 하는 선수가 공을 받기 위해 달려갈 때 항상 그 선수를 따라갈 필요는 없다. 만약 그 선수를 바짝 쫓아가면 뒷공간에 빈 공간이 생기고 그러면 상대 팀은 스로인을 그 공간으로 던질 수도 있다. 움직이기 전에 항상 원래 서 있던 공간에 대해 정확히 인식할 필요가 있다.

여러분의 팀이 수비 중이라면 공을 가지고 있는 상대 선수의 자세에 집중하자. 그 선수가 자세를 크게 여는 모습을 보이면 롱패스가 날아올 가능성이 높다. 롱패스 상황에서 소유권을 얻으려면 상대의 자세를 보는 순간 뒤로 물러서자.

공격을 할 때 명심해야 할 것들이 있다. 미드필더 진영에서 패스를 하고 있을 때는 공을 받으러 다가오는 공격수들의 움직임을 항상 주시하고 있어야 한다. 이런 움직임을 발견한다면 그 공격수가 서 있던 빈 공간으로 달려 들어가야 한다. 그렇게 되면 상대의 마크 없이 빈 공간을 차지할 수 있고 골을 넣기가 쉬워진다.

프리킥 상황에서 득점을 노린다면 상대 골키퍼의 다리를 봐야 한다. 골키퍼의 다리가 좌우 균형을 이뤘는지, 한쪽으로 치우쳐 있는지 등을 관찰하자. 한쪽으로 기울어 있다면 반대쪽으로 이동하는 데 어려움을 겪을 것이다. 바로 그곳이 가장 득점 확률이 높은 곳이다. 이는 페널티킥도 마찬가지다.

팀이 공격을 하고 있는 상황에서, 특히 페널티 박스 안에서 공격 중일 때는 공을 향해 달려가면 안 된다. 대신 골 에어리어 바깥쪽 반대편 공간으로 이동해야 한다. 모든 수비수들이 공을 향해 달려갈 것이기 때문에 빈 공간을 차지할 수 있다.

위와 같은 패턴 익히기는 경기를 보면서 배울 수 있는 스킬이다. 이 스킬을 익히면 훨씬 좋은 선수가 될 수 있다. 인내심을 가지고 자신의 직감을 믿자.

공을 소유할 때와 패스할 때

패스, 달리기, 드리블

경기 중 공을 받은 선수에게는 두 가지 옵션이 있다. 첫째, 드리블 하면서 공을 계속 소유하기. 둘째, 곧바로 팀 동료에게 패스하기. 선수들은 공을 받는 순간에 이미 어떤 동작을 해야 할지 미리 알고 있어야 최고의 선택을 할 수 있다.

공을 받는 순간 수비수가 가까이 있고 수비수 뒷공간에 공격을 전개할 충분한 공간이 있다면 드리블로 수비수를 제치는 것도 좋은 선택이다. 이 때 공은 항상 몸 가까이에 두고 컨트롤해야 한다는 것을 잊지 말자.

공을 받는 순간 수비수가 5~10미터 멀리 떨어져 있다면 수비수 방향으로 다가가 상대 수비수를 자신에게 가깝게 끌어들여야 한다.

그렇게 하면 팀 동료에게 공간이 생기고 패스를 할 공간도 생긴다. 공을 받는 순간 수비수가 없는 열린 공간에 있다면 여러분의 코치는 아마도 여러분이 빈 공간으로 공을 몰고 달려가 상대 수비 라인까지 올라가길 원할 것이다. 이러한 움직임은 상대 수비진에 많은 문제를 야기할 것이고 결국 누군가가 수비하기 위해 다가올 것이다. 그 수비수보다 더 빠르게 달려 나간다면 쉽게 전진할 수 있고, 그러면 더 많은 상대 수비수들이 다가올 것이다. 그렇게 되면 팀 동료에게 더 많은 공간이 생긴다.

마지막으로 공을 받는 순간 상대 팀 선수들에게 둘러싸여 있다면 동료 선수가 다가올 때까지 공을 지키는 데 집중해야 한다.

공을 패스할 때 왜 패스를 해야 하는지 생각하자. 패스를 할 수도 있지만 드리블이라는 선택지도 있기 때문이다. 그러나 일반적인 경우 드리블보다는 패스가 더 빠르게 공을 이동시키는 방법이라는 것을 항상 기억하자.

일반적으로는 팀 동료가 더 좋은 위치에 있을 경우에 패스를 한다. 때로는 이미 상대 수비수가 막고 있는 동료에게 패스를 하는 경우도 있다. 이런 경우 팀 동료는 어려움을 겪거나 공을 잃을 위험에 처할 수 있다. 이러한 패스를 '나쁜 패스'라고 부른다. 공을 받는 선수가 다른 선수의 도움이 필요한 어려운 상황에 놓이기 때문이다.

팀 동료가 수비수의 마크 없이 상대 골대 방향으로 더 좋은 위치에 있는 것을 발견했다면 그 선수에게 패스를 한다. 이러한 패스는 팀을 돕는 '좋은 패스'라고 불린다. 패스 후에 팀이 더 좋은 상황에

놓인다면 그것이 곧 좋은 패스다. 비록 백패스라고 하더라도 팀이 더 넓은 공간을 점유할 수 있다면 그것 역시 좋은 패스다. 모든 패스가 전진 패스일 필요는 없다.

마지막으로 생각해야 할 것은 패스의 거리다. 35미터 이상 떨어진 거리에 서 있는 동료에게 패스를 한다면, 그 패스가 전해지는 사이에 상대 수비수가 다가올 수 있다. 이런 경우 상대 수비수가 공쪽으로 다가가기 때문에 '좋은 패스'라고 생각했던 패스가 '나쁜 패스'가 될 수도 있다.

경기 중 자신이 '좋은 패스'를 얼마나 많이 하는지 기억해두고 매 경기 그 숫자를 늘리도록 노력하자.

SUPERSTAR

리오넬 메시

생년월일: 1987년 6월 24일 **포지션:** 공격수

팀: FC 바르셀로나, 아르헨티나 국가대표

다음의 두 가지 단어를 동시에 듣는 일이 많다. '메시'와 '골' 말이다. 어쩌면 메시가 바르셀로나와 아르헨티나 대표팀을 위해 골만 많이 넣는 선수처럼 보일지도 모른다. 그러나 메시는 단지 골뿐만 아니라 훨씬 여러 가지 면에서 알아야 할 선수다.

메시는 어렸을 때 정상적인 성장을 위해 의학적인 도움이 필요하다는 진단을 받았고, 실제로 그를 위한 치료를 받아야만 했다.

그는 불과 열한 살의 나이에 태어나고 자란 아르헨티나를 떠나 스페인 바르셀로나 아카데미 팀에 입단했다. 바르셀로나 아카데미 시절 그는 모든 메이저 대회에서 우승을 차지했고, 자신의 팀이 스페인과 유럽에서 최고의 팀이 되는 데 핵심적인 역할을 했다. 그리고 그는 국가대표팀에서도 100경기 이상 뛰면서 훌륭한 모습을 보여줬다.

메시는 많은 재능을 가지고 있는 선수다. 우선 그는 골을 잘 넣는다. 많은 상대 팀 선수와 감독들은 "메시가 컨디션이 좋은 날은 그를 막는 것이 거의 불가능하다"라고 말한다. 낮은 무게중심 덕분에 그는 빠른 방향 전환을 통해 상대 수비수를 따돌릴 수 있고 팀을 위한 득점 찬스를 만들어주기도 한다. 또 경기 중에 동료로부터 패스를 받을 때의 스피드와 발 기술도 엄청나다. 그것이 그가 무서운 선수인 가장 큰 이유다. 그는 공을 보유한 상황에서 아주 강한 선수이고 상대 수비수가 거의 막기 힘든 선수다. 상대 수비수를 빠르게 따돌릴 수 있는 순간 스피드 덕분에 그는 팀 동료를 위해 공간을 만들어주거나, 골로 이어지는 어시스트도 잘한다.

메시는 훌륭한 팀 플레이어다. 그는 공이 없는 순간에도 공을 뺏기 위해, 또 팀에 도움을 주기 위해 열심히 뛴다. 이처럼 경기를 대하는 좋은 자세와 환상적인 기술 덕분에 그는 역사상 최고의 선수 중 한 명이 될 수 있었다.

상대 선수 제치기

패스

경기 중 어떻게 하면 상대 골문으로 접근해서 득점 찬스를 만들 수 있을까? 상대 선수들을 뚫고 지나가거나, 돌아서 가거나 상대 선수를 넘어서 패스하는 방법이 있을 수 있다. 이와 같은 방법은 득점에 이르는 가장 쉽고 빠른 길일 뿐만 아니라 다른 작전으로도 사용될 수 있다.

더 구체적으로 말해서 첫 번째 선택지는 미드필더의 스루패스, 수비수의 롱패스 또는 골키퍼의 롱킥(골킥, 손으로 던지는 패스 포함) 등을 사용해서 상대 선수를 제치는 것이다. 이러한 패스는 최소한의 터치를 통해 공을 옮길 수 있지만, 공중으로 공을 차서 패스할 경우에는 공의 소유권을 지킬 수 있다는 보장이 없다. 이렇게 운에 의지하

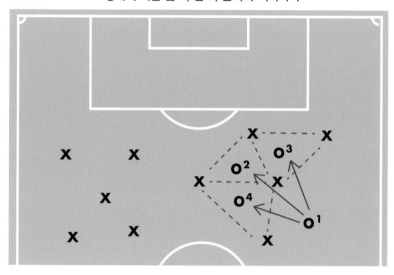

위 그림 같은 상황에서 수비수들(x)은 촘촘히 퍼져 있다. 이런 경우에는 트라이앵글 대형을 만들어 상대 수비 라인을 뚫고 지나갈 수 있다. 공을 가지고 있는 O¹ 선수는 O², O³, O⁴에게 패스할 옵션이 있다.

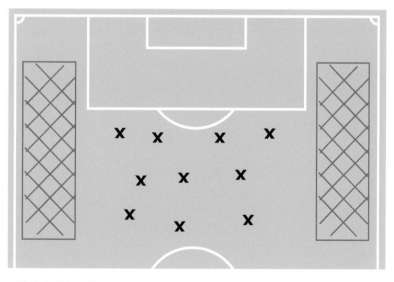

상대 수비수들이 가운데에 촘촘히 뭉쳐 있는 경우에는 양쪽 측면 공간을 이용해 돌아 들어갈 수 있다.

는 것은 좋은 축구가 아니다. 패스를 할 때는 빈 공간으로 뛰어 들어 가는 팀 동료에게 정교한 패스를 해야 한다. 그런 패스를 하려면 공간이 중요하다. 상대 수비 라인이 중앙선 부근까지 높게 전진해 있을 때 이러한 방식을 택하기 좋다. 상대가 깊이 내려앉아 수비를 한다면 공간이 없기 때문에 이러한 플레이를 할 수 없다. 그러므로 다른 방법을 찾아야 한다.

상대가 깊이 내려앉아 있다면 어떤 식으로 대열을 갖췄는지 확인해야 한다. 상대의 포메이션이나 포진 상태를 알아야 어떤 식으로 공격을 이어 나갈지 결정할 수 있다. 페널티 에어리어 안쪽에 상대 선수들이 모여 있다면 측면 공간을 이용해 공격하면 된다. 공을 측면으로 벌려서 전진한 후 크로스를 올리자. 측면에 있는 선수에게 빠르고 정확한 패스를 하는 것이 좋다. 앞쪽 빈 공간으로 전진 패스를 할 수 있다면 더욱 좋다. 상대 팀의 뒷공간이 비어 있다면 그 공간으로 가도 좋다. 예측 불가능한 플레이를 펼치면서 다양한 플레이를 시도하자.

상대 팀이 깊이 내려앉아 수비를 하면서 넓게 퍼져 있다면 상대 수비수들을 정면으로 뚫어야 한다. 그러려면 좋은 기술과 인내심이 요구된다. 기술과 인내심을 갖추고 상대를 뚫을 수 있는 선수는 상대 팀 수비진에게는 두려운 선수일 것이다. 이는 작은 실수도 해서는 안되기 때문에 굉장히 어려운 과정이다. 동료가 공을 받을 때 여유가 생기도록 패스는 적절한 스피드로 정확하게 줘야 한다. 속도가 느린 패스는 상대 선수가 더 가까이 다가오게 만들기 때문에 공을 잃을

상대 수비를 뚫고, 넘고, 돌아서 지나가기

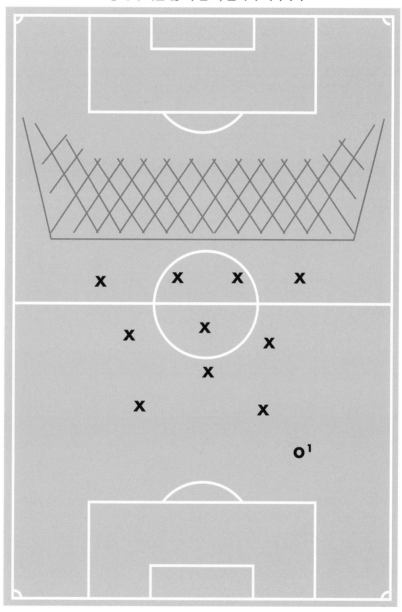

상대 수비수들이 높은 라인까지 올라와 있다면 **O¹**선수는 한 번에 지나가는 롱킥을 통해 상대 수비수들을 뚫을 수 있다.

확률이 높아진다. 정확하게 패스를 한 후 움직임을 통해 공간을 만들고 주변을 살피며 몸을 연 상태로 팀 동료와 삼각 대형을 이뤄야 한다. 이러한 플레이를 위한 모든 스킬은 이미 이 책에 소개된 것들이다.

언제 어떤 식으로 상대를 넘거나, 돌거나, 뚫고 제치는지 알고 있다면 영리한 선수가 될 수 있다. 물론 공을 가졌을 때 골대와 가까이 있다면 언제든지 곧바로 슈팅을 시도할 수도 있다. 그런 상황이 오면 바로 슈팅을 하자. 슈팅 없이는 절대로 골도 없다는 것을 잊지 말자.

SECRET 8

훈련 준비

훈련 전에 모든 장비를 잘 준비하자. 하나라도 빠트리면 안 된다. 지난 훈련을 돌아보고 어떤 준비를 해야 하는지 생각하자.

터치 없이 상대 선수 제치기

패스, 달리기, 드리블

다음으로 알아볼 기술은 공을 터치하지 않고 움직임을 통해 상대 선수를 속이는 기술이다. 이 동작은 패스가 올 때 뒤로 물러서는 것이 아니라 오는 공쪽으로 다가가면서 이뤄진다. 동료가 패스를 할 때 오른발을 내밀며 공쪽으로 한 발짝 다가서라. 어깨는 공을 주는 선수를 향해야 한다. 공이 다가올 때 오른발에 무게중심을 둔 후에 공이 먼저 오른발을 지나가게 만들고 그 후 왼발도 마찬가지로 한다. 이 동작을 반대쪽 발로도 연습하자.

이 스킬은 천천히 연습해야 하고 특히 움직임의 타이밍과 패턴을 이해해야 한다. 일단 이 동작을 익힌 후에는 움직임의 속도를 높이며 인내심을 갖고 연습해야 한다. 이 스킬은 터치 없이 상대를 속일 수 있는 굉장히 중요한 기술이다.

경기 후 수분 섭취

경기가 끝나면 곧바로 수분을 섭취하자. 경기 중에 사용된 전해질과 탄수화물을 보충해줄 스포츠 음료를 선택하는 것이 좋다.

적절한 패스 선택하기

패스

점유율을 높이는 것도 중요하지만 점유율이 항상 승리로 이어지지는 않는다. 중요한 것은 득점이다. 득점을 해야만 승리할 수 있기 때문이다. 우리가 공을 점유하고 있을 때는 상대가 득점을 할 수 없기 때문에 공의 소유권을 지키는 일이 중요하다.

공을 소유하고 있을 때 생각해야 할 몇 가지가 있다. 우선, 어떤 종류의 패스를 할지 생각해야 한다. 언제 어디서 왜 위험 부담이 있는 패스를 과감히 시도할 것인지도 미리 충분히 고려해야 한다.

두 가지 패스에 대해 살펴보자. 패스에는 크게 공격 진행 방향으로 하는 '전방 패스'와 옆이나 뒤에 있는 동료에게 패스하는 '점유 패스' 혹은 '후방 패스'가 있다. 전진할 수 없거나 점유를 유지하기 원할 때 '점유 패스'를 한다.

'전방 패스'를 하기 전에 고려해야 할 점

- **팀 동료가 얼마나 멀리 있으며, 그 선수에게 정확하게 패스를 전달할 수 있는가?** 팀 동료에게 정확한 패스를 주지 못하면 팀 동료는 공을 받을 때 상대 수비로부터 압박을 당하기 쉽다. 자신의 패스 능력이나, 가능한 거리 등을 미리 아는 것이 중요하다. 그래야 패스 전에 최고의 선택을 할 수 있다. 이 스킬은 책 후반부에 다시 다뤄질 것이다.

- **패스를 받는 팀 동료가 자신보다 좋은 위치에 있는가?** 공을 받는 팀 동료가 상대 수비수에게 마크를 당하고 있거나 팀 동료로부터 도움을 받지 못하는 위치에 있을 때 패스를 하는 것은 좋은 선택이 아니다. 자신보다 좋은 위치에 있는 동료에게만 패스를 해야 한다. 자신의 패스가 팀을 돕지 못한다면 그것은 곧 좋지 않은 패스를 한 것이다.

'전방 패스'를 할 수 없을 때 팀의 공 소유권을 지키고 다른 찬스를 만들기 위해 '점유 패스'를 해야 한다.

'점유 패스'를 하기 전에 고려해야 할 점

- **패스를 한 후에 공을 받는 선수를 도와줄 수 있을 만큼 충분히 가까이에 서 있는가?** 그 대답이 "맞다"라면 이 패스는 소유권

을 지키기 좋은 패스다.

- **패스를 받는 순간 그 패스를 받는 동료에게 어떤 옵션이 있는 가?** 중앙 위치에 있는 팀 동료에게 패스를 한다면 그 선수는 공을 받는 순간 좌우로 패스를 할 수 있다. 터치라인 가까이에 서 있는 동료는 옵션이 경기장 안쪽으로 패스하는 것 하나밖에 없기 때문에 중앙 위치에 있는 동료에게 패스하는 것이 좋다.

'전방 패스'를 하든 '점유 패스'를 하든 공을 받는 선수의 상황을 생각해서 그들을 도울 수 있는 최고의 선택을 해야 한다. 컨트롤하기 쉽게 정확하고 적절한 속도의 패스를 줘야 한다. 가능하다면 원터치로 패스를 받은 후 다음 동작을 할 수 있도록 패스를 하자. 패스의 강도가 너무 세거나 속도가 느리면 패스를 받는 동료가 힘들어진다.

모험적인 패스를 하는 것을 두려워하지 말자. 그리고 항상 여러분이 경기장 어디에 서 있는지 인식하고 있어야 한다. 단, 수비 1/3 지역(경기장을 3등분 시 공격 1/3 미드 1/3 수비 1/3)에서는 모험적인 패스를 하지 않아야 한다. 경기장의 높은 위치에 있을 때는 모험적인 패스를 더 많이 해야 한다. 공격 1/3 지역에 있다면 모험적인 패스와 슛을 적극적으로 할 필요가 있다.

승리를 위한 음식 섭취

탄수화물은 몸에 연료와도 같다. 경기 한 시간 전에 바나나를 먹으면 탱크에 가스를 넣는 것과 같은 효과를 볼 수 있을 것이다.

공을 가진 동료 돕기

패스

    팀이 공을 소유하고 있을 때 공을 갖고 있는 동료를 돕는 것은 여러분이 할 수 있는 가장 중요한 임무다. 코치들은 종종 공을 갖고 있는 선수를 '1번 공격수', 가장 가까이에 위치해 도와줄 수 있는 선수를 '2번 공격수' 그리고 나머지 선수들을 '3번 공격수'라는 용어로 표현한다. 공을 가졌을 때 소유권을 유지하면서 다음 패스를 이어갈 최고의 위치가 어디인지 생각해보자.

    공을 가진 팀 동료를 도울 수 있는 최고의 위치는 서로가 마주볼 수 있게 만들어서 동료에게 패스 경로를 만들어주는 것이다. 이 공간을 찾는 것은 쉽지 않지만 공을 가진 선수를 돕는 것은 반드시 해야 할 임무라는 것을 잊으면 안 된다. 공을 가진 팀 동료가 자신을 찾

공 가진 동료 선수 돕기

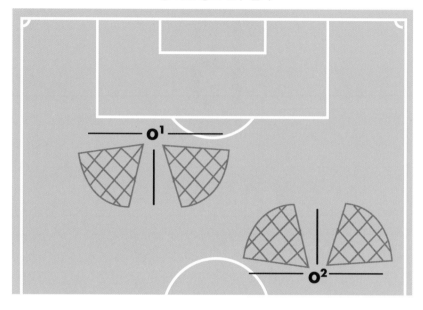

O¹ 선수가 골대를 등지고 서 있기 때문에 그늘진 공간(그림 속 그물 모양)이 돕기 좋은 위치다. 반면, **O²** 선수는 골대를 바라보고 있기 때문에 앞쪽 그늘진 공간이 좋은 위치다. 되도록 공과 수평이거나 수직 위치에 서 있지 마라.

지 못한다면 "패스"라고 소리치면서 어디에 위치해 있는지 알 수 있게 만들어야 한다. 팀 동료를 찾지 못하면 공을 가진 선수는 백패스를 할 수밖에 없다.

자신이 패스를 받을 상황일 때는 먼저 자신이 어디에 위치해 있는지 확인하자. 공을 가진 동료와 직선이 아니라 비스듬히 서야 한다. 만약 공을 가진 선수 아래쪽 직선 라인에 서 있다면 상대 수비수는 움직일 필요가 없어진다. 옆쪽 직선 라인으로 패스를 하면 위험하다. 만약 상대가 그 패스를 가로챈다면, 공을 주는 선수와 받는 선수 모두 수비 위치에서 벗어나기 때문이다. 위쪽 직선 라인으로 패스를 주면 상대 팀 선수들은 공과 선수를 동시에 바라보기 때문에 수비를 하기 쉬워진다.

공을 주는 선수와 비스듬히 서서 공을 받는다면 몸을 열고 받는 것이 가까이 다가서는 수비수를 제치는 데 도움이 될 것이다. 팀 동료와 더 많은 연습을 하다 보면 비스듬히 서는 것이 가장 좋은 위치라는 것을 깨닫게 될 것이다.

물론 공을 가진 선수와의 거리도 생각해야 한다. 너무 멀리 서 있다면 공을 받기 전에 공을 뺏기기 쉽다. 반대로 너무 가까이 서 있으면 더 많은 상대 수비수들이 접근하게 될 것이다. 물론 상대 수비수를 많이 불러들이면 다른 공간 어딘가에는 빈 공간이 생길 것이다. 패스에 있어서 거리에 관한 정답은 없다. 많은 시행착오가 필요하고 다양한 상황을 접할수록 더 빠르게 배울 수 있다.

마지막으로 고려해야 할 점은 최고의 위치를 확보하는 것이다. 패스하는 선수로부터 너무 멀리 서 있다면 다음 패스를 예측해서 패스를 받을 수 있는 최고의 위치로 미리 이동하자. 항상 패스가 이뤄지기 전에 생각하는 습관을 들여야 한다.

팀 플레이어가 돼라

예를 들면 경기나 연습을 할 때는 여분의 물을 가지고 다녀라. 누군가는 깜빡하고 물을 놓고 올 것이다. 선수들은 전해질(물 또는 음료수) 섭취 없이 팀을 도울 수 없다.

팀 수비 돕기

수비

　모든 선수들은 포지션에 관계없이 상대 팀으로부터 공을 뺏는 역할을 부여받는다. 현재 공에 가까이 있지 않는 선수도 마찬가지다. 그럴 때도 여전히 팀이 공을 뺏도록 돕는 역할을 해야 한다. 공에 가장 가까이 있는 선수는 종종 '1번 수비수'라고 불린다. '1번 수비수'의 역할은 공을 가진 선수를 압박하고 상대의 공격을 지체시키는 것이다. '1번 수비수'와 가장 가까이 있는 선수는 '2번 수비수' 혹은 '커버 수비수'라고 불린다. '2번 수비수'의 역할은 '1번 수비수'를 커버할 수 있는 위치에 서서 돕는 것이다. '2번 수비수'로서 발전하려면 '1번 수비수'와 의사소통을 통해 팀이 공을 뺏는 능력을 키워야 한다.

위치 선정은 팀 수비에 정말 중요하다. 공에서 너무 멀지도 가깝지도 않은 위치를 찾아야 한다. 너무 공에 가까이 붙어 있으면 빈 공간을 내줄 것이고, 상대 팀이 강한 경우 그 빈 공간을 활용할 것이다. 또한 너무 가까운 거리 때문에 '1번 수비수'와 혼란에 빠질 수도 있다. 의사소통에 오류가 생기면 상대 선수에게 위험한 기회를 내줄 수도 있다. 반대로 너무 멀리 떨어져서 '1번 수비수'를 돕지 못한다면 '1번 수비수'에게 위험한 1 대 1 상황이 발생한다.

그렇다면 최고의 위치는 어디일까? 이는 정답을 콕 집어서 말하기 어려운 질문이다. 선수와 공은 항상 움직이고 있기 때문이다. 답을 듣기보다는 스스로 자신이 맡아야 할 위치를 아는 것이 중요하다. 시간이 흐르면서 '2번 수비수'로서 최고의 위치가 어디인지 깨닫게 될 것이다.

'1번 수비수' 뒤에 서면 공을 가진 상대편 선수와 '1번 수비수'를 동시에 볼 수 있다. 그리고 상대 팀이 노리고 있는 공간을 볼 수 있다. '1번 수비수'가 태클을 시도한다면 더욱 가까이 붙어서 태클이 실패했을 때 공을 뺏을 수 있도록 준비하자. 그 후 다시 충분히 멀리 떨어져서 패스를 차단할 수 있는 위치에 서자. 그 위치를 차지하면 자신이 '1번 수비수'가 되면서 역할이 바뀐 것을 알게 될 것이다.

복잡한 것처럼 들릴 수도 있지만 이런 점에 유념하고 플레이한다면 경기를 많이 할수록 점점 나은 플레이를 하게 될 것이다. 인내심을 가지고 현실적인 목표를 세우자. 축구를 배울 시간은 많다. 그리고 코치는 언제나 여러분을 도울 것이다. 축구 경기를 보면서 수비를 어떻게 하는지 집중해서 봐야 한다. '1번 수비수'와 '2번 수비수'를 찾자. 그리고 그들이 공의 위치 변화에 따라 어떻게 움직이는지 관찰하자.

훈련 준비

다가오는 시즌에 무엇을 얻고 싶은지 분명한 목표를 세워라. 예를 들면, "이번 시즌에는 지난 시즌보다 쇼트 패스 미스를 절반으로 줄일 수 있도록 쇼트 패스 정확도를 높이는 연습을 할 거야" 같은 것도 좋은 목표다.

알렉스 모건

생년월일: 1989년 7월 2일   **포지션:** 공격수

팀: 올랜도 프라이드, 웨스턴 뉴욕 플래시, 시애틀 사운더스, 포틀랜드 손스,

　미국 국가대표

현재 여자 축구 슈퍼스타 중 가장 젊은 선수 중 한 명인 알렉스 모건의 가장 흥미로운 점은 그녀가 어릴 때 다양한 스포츠를 했고, 14살 때까지는 축구를 해본 적이 없다는 사실이다. 그녀는 축구를 시작한 지 3년 만에 미국 국가대표 팀에 선발됐고, 그 당시 나이는 17살이었다.

그녀는 UC버클리 대학 시절 캘리포니아 골든 베어스 소속으로 경기를 뛰면서 무려 45골을 기록했다. 비록 그녀는 1년 일찍 졸업했지만, 그녀의 45골은 골든 베어스 팀 역대 최다 득점 3위에 기록되어 있다. 그 후 그녀는 2011년 미국 프로 축구 드래프트 전체 1순위로 웨스턴 뉴욕 플래시에 뽑혔다. 이후에 시애틀 사운더스와 포틀랜드 손스로 팀을 옮겼고, 2015년 포틀랜드 손스의 우승을 도왔다.

그러나 그녀의 최고 경기력과 성과는 미국 여자 국가대표팀에서 나왔다. 그녀는 2012년 런던 올림픽 금메달 멤버인 동시에 올해의 미국 여자 축구 선수에 뽑혔다. 2015년 부상에서 돌아온 후에는 미국의 여자 월드컵 우승을 다시 한 번 도왔다. 애비 웜백이 은퇴한 미국 대표팀에서 그녀는 팀의 리더가 될 것이다(모건은 실제로 이 책이 출간된 후 열린 2019 여자 월드컵에도 출전, 미국의 우승을 도왔다. - 옮긴이). 그녀는 스피드가 빠르고 운동 신경도 좋다. 어쩌면 상대 선수들은 그녀가 다른 스포츠를 선택했기를 바랐을지도 모른다. 그러나 그녀가 축구를 선택한 것은 축구 팬에게는 최고의 선택이었다.

수비 라인 이해하기

수비

경기 중 팀의 수비 라인에 무슨 일이 발생하는지 알고 있는 것은 큰 도움이 된다. 수비 라인에 빈 공간이 생기면 곧바로 그 공간을 메 꿔야 하기 때문이다. 이러한 정보를 알고 있다면 더 좋은 선수가 될 수 있다. 수비 라인에서 플레이할 때는 신체적, 정신적으로 힘들다. 경기 내내 골키퍼를 보호해야 하고 집중력을 잃어서는 안 되기 때문 이다. 이 책에서는 4명의 선수로 구성된 수비 라인을 예로 들어 설명 할 것이다. 4명의 선수는 2명의 센터백과 좌우 측면 수비수('풀백'이라 고 불린다) 1명씩으로 구성되어 있다.

4명의 수비수는 경기장 전체를 다 커버할 수 없다. 최고 수준 팀의 경기를 보면 수비수가 그룹을 이뤄 움직이는 것을 볼 수 있다. 그리

수비 라인

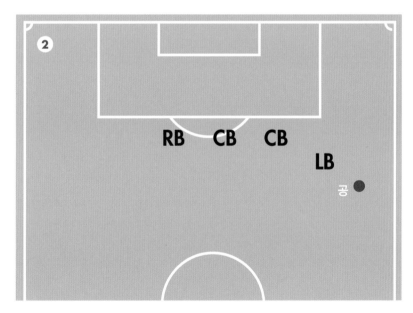

1번 그림은 공이 경기장 가운데에 있는 상황

2번 그림은 공이 왼쪽 수비수 앞에 있는 상황

고 공에서 멀리 떨어진 지점에서는 많은 공간을 열어둔 채로 움직인 다는 것도 알 수 있다.

수비수는 그룹으로 어떻게 움직여야 하는지 알아야 최대한 많은 범위를 커버할 수 있다. 중앙 미드필드 지역, 왼쪽 수비 지역, 오른쪽 수비 지역 그리고 중앙 수비 지역으로 공이 왔을 때 포백 수비수의 포지션이 어떻게 변하는지 알아보자.

상대 팀이 미드필드 지역에서 공을 가지고 있으면 센터백은 경기 장 중앙에서 10미터 정도 떨어진 곳(공에서 10~15미터 떨어진 지점)에 위치해야 한다. 풀백은 센터백과 수평을 이뤄야 한다.(그림1, 121쪽). 전략 13(105쪽)에서 포백 수비수들이 공에서 얼마나 떨어져 있어야 하는지 설명했다. 이러한 위치는 포백 수비수들이 상대의 득점을 막 고 상대 팀의 공격 시도에 반응하기 좋은 위치다.

공이 왼쪽 수비 지역에 있다면, 포백 수비수는 위험 지역인 왼쪽으 로 다 같이 움직여야 한다. 왼쪽 측면 수비수는 공을 가지고 있는 선 수에게 다가가 압박을 해야 한다. 이 때 왼쪽 센터백 선수는 왼쪽 측 면 수비수로부터 10미터 정도 떨어져서 45도 각도를 만들어 서 있 으면 된다. 오른쪽 센터백과 오른쪽 측면 수비수는 왼쪽 센터백 선수 와 수평을 이루고 서 있으면 된다(그림 2, 121쪽).

(오른쪽에) 경기장의 많은 부분이 열리게 되지만, 공이 왼쪽에 있 다면 대개 오른쪽에서는 위험한 상황이 발생하지 않을 것이다. 공이 오른쪽으로 흐른다면 포지션을 반대 방향으로 바꾸면 된다(그림 3, 123쪽).

수비 라인

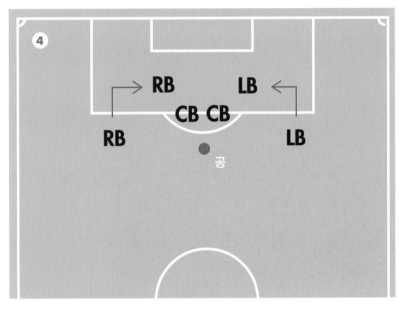

3번 그림은 공이 오른쪽 수비수 앞에 있는 상황

4번 그림은 공이 골문 앞 가운데에 있는 상황

공이 페널티 박스 바로 앞까지 온다면 2명의 센터백은 공을 가진 선수에게 압박을 해야 한다. 그리고 두 명의 양쪽 측면 수비수는 2~5미터 정도 센터백 뒤로 물러서야 한다(그림 4, 123쪽). 센터백 뒷공간을 막고 상대의 스루패스를 막기 위해서다.

크로스

패스

선수, 코치 그리고 축구 팬에게 경기 중 가장 흥분되는 장면 중 하나는 득점이 가능한 위치로 크로스가 날아오는 순간이다. 크로스란 단순히 페널티 박스 안으로 공을 차서 스트라이커가 골을 넣는 행위가 아니다. 굉장히 복잡한 스킬인 동시에 연습을 통해 쉽게 배울 수 있는 스킬이기도 하다. 크로스를 잘하면 좋은 선수가 될 수 있다.

경기 중에 여러분이 크로스를 올릴 수 있는 위치에 있다면 득점이 가능한 위치로 공을 보내야 한다. 가장 좋은 크로스는 골 에어리어와 페널티킥 지점 사이 공간인 '세컨드 식스(골에어리어가 '6야드' 거리에 있다는 점에서 착안해서 현지에서 사용하는 전문 용어 - 옮긴이)'로 공을 보내는 것이다. 골 에어리어 안으로 크로스를 올리면 골키퍼가

크로스하기

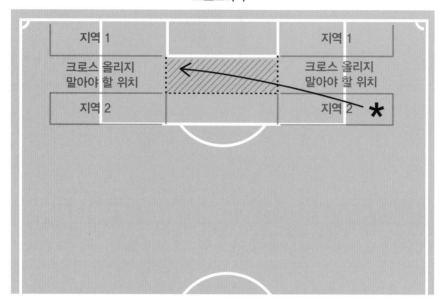

가운데 그늘진 부분이 크로스가 가야 하는 타깃 공간인 세컨드 식스다.

지역 1에서는 골대에서 멀어지게 크로스 해라.
지역 2에서는 세컨드 식스 공간으로 크로스를 올리되 공이 골 에어라인 밖으로 흘러가게 차라.

★ 모양의 예를 봐라.

공을 잡을 가능성이 높아지고, '세컨드 식스' 공간보다 뒤쪽으로 크로스를 올리면 슛을 하기 어려워진다.

크로스에 중요한 스킬의 3가지 포인트는 다음과 같다. (1) 원하는 위치로 공을 보낼 수 있는 정확한 킥 능력, (2) 세컨드 식스 지점을 통과하는 크로스의 궤적, (3) 크로스의 높이.

세컨드 식스의 바로 옆 측면에서 이 위치로 크로스를 올리면 안 된다. 세컨드 식스 라인을 넘어서 골라인 부근까지 가서 크로스를 올리거나 이 지점에 도달하기 전에 미리 크로스를 올려야 한다. 만약 세컨드 식스 위치의 측면 방향에서 일직선으로 크로스를 올린다면 상대 골키퍼가 쉽게 공을 잡거나 수비수가 쉽게 공을 걷어 낼 것이다.

그 외에 크로스 종류를 선택하는 데 도움이 되는 정보는 다음과 같다.

- 터치라인 부근까지 간 후 땅볼 패스를 원한다면 짧은 패스를 이용해라(28쪽).
- 터치라인 부근까지 간 후 공중 패스를 원한다면 칩킥을 이용해라(41쪽).
- 세컨드 식스보다 후방에서 땅볼 패스를 보내고 싶다면 아웃사이드 킥을 이용해서 감아 차라(60쪽). 공이 골키퍼 앞쪽으로 감아 들어갈 것이다.
- 세컨드 식스보다 후방에서 공중 패스를 원한다면 칩킥을 이용

해라.

크로스 연습을 할 때는 그 전에 적절한 공간을 만들 수 있는 좋은 터치를 할 수 있어야 한다. 그 다음 고개를 들고 크로스의 종류를 정한 후에 정확한 크로스를 올리면 된다.

훈련

골대에서 25미터, 사이드라인에서 5미터 떨어진 지점에서 연습을 시작하자. 2~3번의 터치를 통해 골라인 부근까지 접근한 후에 세컨드 식스 위치로 크로스를 하자. 연습용 콘이 있다면 공을 보내야 할 곳에 놓고 그곳으로 정확하게 크로스가 이뤄지는지 확인한다. 측면에서 패스를 한다고 생각하면 크로스를 할 때 더 집중이 될 것이다. 크로스를 올릴 때 주어진 임무는 공간에 공을 보내는 것이다. 수비수보다 먼저 공간을 차지하는 것은 공격수의 임무다. 오른발 왼발을 바꿔가며 20번씩 연습을 하면 양발의 크로스 능력이 모두 향상될 것이다.

크로스 기술에 익숙해졌으면 점점 크로스 전에 달리는 스피드를 높이고 공을 차기 전에 터치 숫자를 줄여가면서 크로스 연습을 하자. 크로스 전에 터치를 적게 할수록 득점 기회가 있는 공간으로 더 빠르게 공을 보낼 수 있다.

크로스 수비

수비

크로스를 막을 때 가장 먼저 생각해야 할 것은 몸의 방향이다. 가장 좋은 자세는 골대를 등지고 페널티 박스 앞쪽을 바라보는 자세다. 발과 몸이 모두 자신의 골대를 등지고 서 있으면 굴절로 인해 자살골이 되는 상황을 피할 수 있다. 몸이 앞을 바라볼 수 있도록 하는 가장 좋은 방법은 누구보다 먼저 위험이 발생할 위치를 예상하는 것이다. 그러기 위해서는 다음 3가지를 볼 수 있는 위치에 있어야 한다. (1) 크로스를 올리는 선수, (2) 마크해야 하는 선수, (3) 공이 날아오는 궤적.

어깨가 코너킥 깃발 쪽을 향하도록 대각선으로 돌려 서 있는 것이 가장 좋은 자세다. 다리는 움직이면서도 눈은 어깨 쪽을 훑어보는 것을 잊지 말자. 측면에 누가 있고 뒤쪽과 앞쪽에 누가 있는지 계속 확인해야 한다. 그리고 크로스를 올리는 선수를 확인하자. 크로스를 올리는 선수의 고개가 내려가는 것을 발견했으면 그것이 곧 크로스가 올라온다는 힌트다. 빠르게 크로스를 걷어 낼 수 있는 위치를 선점하자. 크로스가 다른 방향으로 간다면, 자책골을 넣거나 코너킥을 줄 위험성이 줄어든다.

골대를 등지지 못하고 골대를 바라봐야 하는 상황에서 해야 할 몇 가지 정보

- **니어 포스트 바깥쪽**(니어 포스트보다 공에 가까울 때): 자신이 니어 포스트보다 바깥쪽에 서 있다면 공을 뒤쪽이나 바깥쪽으로 걷어 내자. 경기장 안으로 공을 걷어 낼 수 없다면 경기장 밖으로 보내 스로인을 줘도 된다. 그 사이에 동료 선수들은 수비 조직을 갖출 수 있다. 이것조차 할 수 없는 상황이면 코너킥을 내줘도 된다. 코너킥 역시 수비 대열을 갖출 시간을 벌어준다. 코너킥을 내주는 것이 좋은 일은 아니지만 상대 선수에게 슈팅 기회를 주는 것보다는 낫다.

- **파 포스트 바깥쪽**(파 포스트보다 멀리 있을 때): 파 포스트보다 멀리 있다면 골대 방향 뒤쪽으로 공을 걷어 내서는 안 된다. 공이 흐르는 방향대로 보내라. 흐르는 방향으로 보낼 수 없다면 터치라인 쪽으로 볼 아웃을 시켜 스로인을 줘도 된다. 그것 또한 힘든 상황이라면 코너킥을 줘도 된다. 반대쪽에 상대 선수가 없다

면 공이 그대로 흐르게 둬도 되고 공을 컨트롤해서 골대를 등
지고 서서 공격을 시작해도 된다.

- **니어 포스트와 파 포스트 사이에 서 있을 때:** 골대 앞에 서서
크로스가 올 때 골대를 보고 서 있다면 공을 터치하는 것부터
시도하자. 공을 가능한 한 높게 띄워라. 코너킥이 될 확률이 높
지만, 굉장히 안 좋은 위치에 있기 때문에 공을 높이 띄우는 것
만이 유일한 방법이다.

공간 만들기

패스, 달리기, 드리블

경기장은 넓지만 상대 진영으로 높게 올라가면 올라갈수록 공간을 찾기가 어렵다. 상대가 뒤로 내려앉아 골을 막으려 하기 때문이다. 공간을 찾을 수 없다면 공간을 만들어내야 한다. 최고의 선수는 팀 동료의 움직임을 통해 스스로 공간을 만든다. 가끔은 동료의 움직임 없이도 공간을 만들어낸다.

공간을 만드는 몇 가지 요령이 있다. 아래 설명할 모든 방법들의 공통점은 수비수를 움직이게 만들어 그들이 서 있던 공간을 열린 공간으로 만드는 것이다. 다음 방법들을 시도해보자.

• 빠르고 정확한 패스를 해서 상대 팀을 혼란스럽게 만들어 상대

의 조직을 흔들어라. 공간이 생길 것이다.

- 공에서 멀리 떨어져 있는 빈 공간으로 이동해라.
- 수비수를 달고 드리블을 해라.
- 드리블을 하며 수비수에게 다가가라. 수비수는 상대 공격수의 움직임에 반응할 것이다.

위의 요령들은 분명 여러분의 코치가 가르쳐주는 기술이다. 그러나 코치가 가르쳐주기 전에 미리 알고 있어야 할 몇 가지 요소들이 있다.

상대 팀 주변에서 연속적으로 패스를 해라. 여러 번의 짧고 정확한 패스는 상대 팀이 공으로 접근하게 만들 것이고, 롱패스는 상대 수비수를 멀리 움직이게 만들어 빈 공간을 만들어줄 것이다. 원터치로 패스하면 도움이 되기 때문에 원터치 패스를 할 준비가 되어 있어야 한다. 패스가 팀 동료의 발로 가지 않는다면 동료는 원터치 패스를 하기 쉽지 않을 것이다. 또한, 패스가 너무 빠르면 컨트롤을 하기 위한 추가적인 터치가 필요할 것이다.

때때로 수비수 앞에서의 간단한 움직임으로도 공간을 만들 수 있다. 수비수가 공격수를 따라오고 있다면 공간이 생긴다. 수비수가 따라오지 않는다면 그 자체로 공간을 갖고 있는 것이다. 이렇게 계속해서 움직이는 것이 공간을 만드는 데 도움이 될 것이다.

공간을 만들 수 있는 타이밍이 있다. 공을 몇 초 동안 가지고 있다면 수비수가 여러분에게 다가올 것이다. 주변을 살펴보는 것을 잊지 말고 수비수를 인지하면서 공을 뺏겨서는 안 된다. 상대 수비수가 다가오면 수비수가 떠난 빈 공간으로 드리블을 하거나 빈 공간에 있는 동료 선수에게 패스를 한다. 자신감을 가지고 다양한 시도를 하자. 이럴 때일수록 특히 창의성이 중요하다.

수비수가 한 명일 때 드리블을 하거나, 빈 공간으로 드리블을 하면 경기장 반대쪽에 또 다른 공간이 생길 것이다. 아무도 다가오지 않는다면 이러한 움직임을 계속하자. 수비수가 다가오면 고개를 들고 패스할 곳을 찾거나 1 대 1 드리블을 시도하자.

위에서 설명한 것과 같이 공간을 만드는 데에는 많은 방법이 있다. 가장 중요한 것은 공이 있을 때와 없을 때 어떤 움직임을 가져가느냐이다.

상대 라인 뚫기

패스, 달리기

상대의 수비 라인을 뚫는 방법을 익히면 더 좋은 선수가 될 수 있다. 모든 팀은 매 경기 각자의 포메이션을 정하고 경기를 시작한다. 축구에는 다양한 포메이션이 있다. 포메이션에서 표기된 숫자는 선수의 숫자를 의미한다. 예를 들어, 4-3-3은 4명의 수비수, 3명의 미드필더 그리고 3명의 공격수를 의미한다. 마찬가지로 4-4-2는 4명의 수비수, 4명의 미드필더 그리고 2명의 공격수를 의미한다. 3-5-2와 3-4-3 포메이션도 같은 방식이 적용된다.

선수들은 앞서 언급한 포메이션 숫자에 맞춰 라인을 형성한다. 수비 라인은 보통 3~4명, 공격 라인은 2~3명, 미드필더는 2~5명으로 이뤄진다. 이러한 라인은 상대 팀이 공격 시에 뚫어야 하는 라인이다.

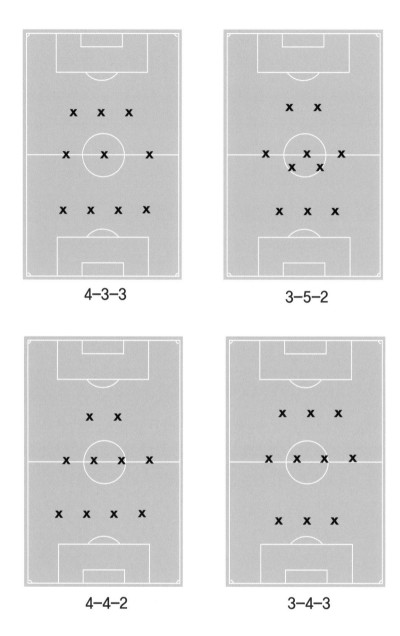

4-3-3

3-5-2

4-4-2

3-4-3

선수들 사이에 보이지 않는 라인이 있다고 가정해 보자(그림 참조). 여러분의 임무는 그 라인을 뚫는 것이다. 상대 팀의 라인을 뚫기 위해 다음 3가지 방법을 시도해보자.

1. 패스를 이용해 라인을 뚫어라. 상대의 공격 라인을 패스로 뚫으면 보통 우리 팀 미드필더가 공을 소유한 상황이 된다. 이제는 미드필드 지역에서 상대의 수비 라인을 뚫어야 한다. 상대 수비 라인 뒷공간으로 가는 동료 선수에게 패스를 보내 수비 라인을 뚫는 것을 목표로 해보자. 그러면 득점 찬스가 생길 것이다.

2. 드리블을 이용해 라인을 뚫어라. 이는 수비수에게도 중요한 스킬이다. 상대 공격수를 드리블로 제치면 여러분은 팀의 추가적인 미드필더 자원이 되는 셈이다. 축구에서는 상대보다 더 많은 숫자의 선수가 있으면 성공적인 상황이라고 볼 수 있다. 드리블로 상대 라인을 뚫으면 상대 수비수가 압박을 해올 것이고 그 결과 팀 동료에게 빈 공간이 많이 생길 것이다. 이는 반대로 상대 팀에게는 위험한 상황이다.

3. 움직임을 이용해 라인을 뚫어라. 패스를 받기 위해 상대 팀의 두 명 사이 공간으로 뛰어 들어가는 움직임이 대표적이다. 단, 이렇게 수비 라인을 뚫으며 달릴 때는 오프사이드를 조심해야 한다.

미드필드 지역에는 더 많은 라인이 있다. 미드필드에서는 좌우 전

수비 라인 뚫기

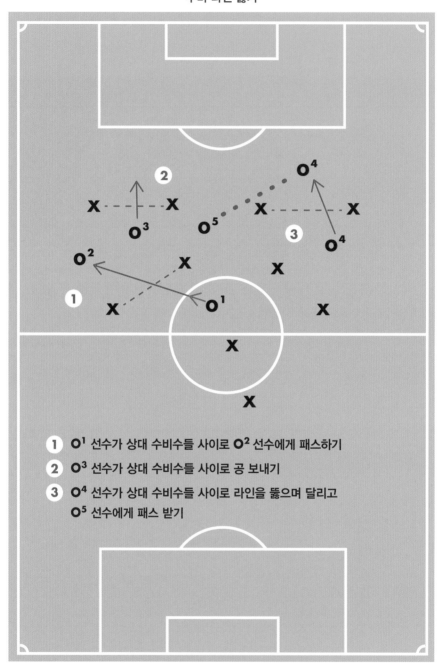

1. O^1 선수가 상대 수비수들 사이로 O^2 선수에게 패스하기
2. O^3 선수가 상대 수비수들 사이로 공 보내기
3. O^4 선수가 상대 수비수들 사이로 라인을 뚫으며 달리고
   O^5 선수에게 패스 받기

환을 통해서 라인을 뚫을 방법을 찾고, 방법을 찾지 못했을 경우에는 공의 소유권을 유지하고 있어야 한다. 라인을 뚫기 위해 달리기로 결심했을 때는 그 전에 어디로 왜 움직이는지 미리 알고 있어야 한다. 아무 생각 없이 무작정 달리는 것은 도움이 되지 않는다. 계획을 갖고 달려야만 공을 가지고 있는 팀 동료에게 도움이 된다. 패스, 드리블, 움직임을 통해 라인을 뚫는 기술을 익힌다면 더 좋은 선수가 될 수 있다.

- STRATEGY -

22

트라이앵글 만들기

패스

라인을 뚫는 또 다른 기술은 '트라이앵글(삼각 대형)'을 형성하는 것이다. 여러분이 경기에서 뛸 때 가장 중요한 임무는 상대 팀의 공격, 미드필드, 수비 라인 사이로 들어가 팀 동료에게 패스를 받을 수 있는 위치로 움직이는 것이다.

패스를 받을 때 동료 수비수나 미드필더에게 너무 가까이 다가선 다면 가장 근처에 있는 선수가 다가설 것이기 때문에 상대 팀은 누가 여러분을 마크해야 하는지 쉽게 알 수 있다. 상대 팀 라인과 라인 사이에 있는 공간을 이용해야 상대 팀을 괴롭힐 수 있다. 예를 들어, 상대 중앙 수비수와 중앙 미드필더가 15미터 정도 떨어져 있다면 그 사이 공간으로 움직이는 것이 좋다. 그러면 상대 미드필더도 그 선수

트라이앵글 대형 위치하기

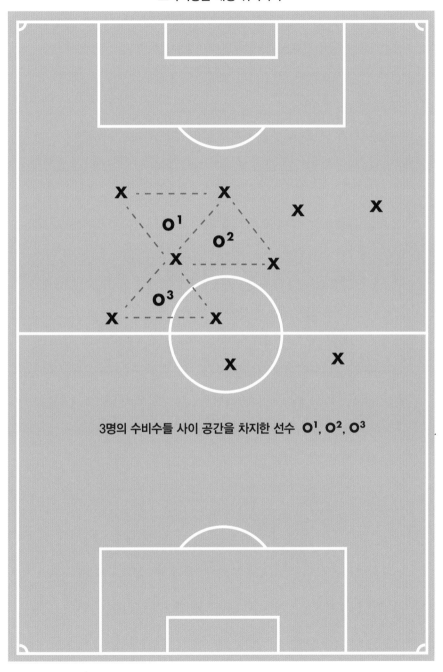

3명의 수비수들 사이 공간을 차지한 선수 O¹, O², O³

를 막기 위해 다가올 것이기 때문에 미드필드 지역에 공간이 생긴다. 또 상대 중앙 수비수까지 다가온다면 이 때 수비 뒷공간에는 빈 공간이 생긴다. 이렇게 상대 수비 라인에서 공간을 만들 수 있다면 득점 가능성이 높아진다.

팀은 수직적으로 뒤로 물러서지 않기 때문에 미드필더 사이 또는 수비수 사이에 있는 공간을 찾아야 한다. 이러한 사이 공간으로 움직이면 상대 팀은 누구를 막아야 할지 혼란스러워진다. 따라서 이런 공간을 활용하는 것이 좋은 작전이다. 두 명의 선수가 동시에 압박을 해온다면 빈 공간에 있는 팀 동료에게 빠르게 패스를 해주면 된다. 아무도 압박을 해오지 않는다면 이미 빈 공간을 차지하고 있는 상태라고 볼 수 있기 때문에 팀에 도움이 될 수 있다.

동일 라인에 서 있는 상대 선수 사이의 공간은 어떻게 찾을 수 있을까? 정답은 '트라이앵글'이다. 상대 포지션을 확인하고 상대 선수들을 일직선으로 잇는 삼각형 라인을 그린다고 상상해보자. 삼각형을 만들었으면 그 공간에 들어가면 된다. 이 공간에 들어가면 적어도 상대 선수 2명 또는 3명으로부터 관심을 받게 된다. 이러한 위치에 서 있으면 우리 팀의 패스 옵션을 하나 늘려 주기 때문에 공을 가지고 있는 팀 동료와 팀 전체에 도움이 된다.

삼각 대형을 만들고 그 공간을 차지한 후에 패스를 받았다면 다음 패스를 할 공간을 찾아야 한다. 이 공간에서는 너무 오래 머물면 안 된다. 오래 머물수록 공간이 좁아지면서 상대가 여러분의 움직임에 빠르게 반응할 것이기 때문이다. 이 공간에서 몇 초 동안 공을 받지 못하거나 삼각형이 줄어든다면 다른 삼각 대형을 찾아 움직여야 한다. 공을 앞으로 보낼 수 없거나 선수가 다음 행동을 하기 어려운 상황이 생길 수 있기 때문에 공보다 위쪽 혹은 아랫쪽 지역에서 삼각 대형을 찾아 계속 움직여야 한다.

SECRET
13

경기 전 수분 섭취

경기에 뛸 준비를 하기 위해 경기 시작 4시간 전에 물을 마시기 시작하자. 물도 충분하지만 당질이 들어 있는 스포츠 음료가 더 좋다.

크리스티아누 호날두

생년월일: 1985년 2월 5일   **포지션:** 공격수

팀: 스포르팅 리스본, 맨체스터 유나이티드, 레알 마드리드, 유벤투스,

포르투갈 국가대표

크리스티아누 호날두는 축구계의 첫 번째 'RONALDO'가 아니다. 첫 번째 Ronaldo는 브라질 출신의 호나우두로 월드컵 우승을 두 번 차지한 선수였다. 하지만 최근 축구 팬들은 같은 철자의 이름을 들을 때 호나우두보다는 포르투갈 출신의 '호날두'를 떠올릴 것이다.

호날두는 포르투갈의 동네 지역 팀 나시오날에서 선수 생활을 시작했지만, 그의 잠재력은 포르투갈 최고의 명문 팀 스포르팅에서 폭발하기 시작했다. 이 팀에서 그는 오직 25경기만을 뛴 후 잉글랜드의 명문 맨체스터 유나이티드로 이적했고, 2008년 챔피언스리그 우승을 포함해 많은 우승 트로피를 들어올리며 슈퍼스타 반열에 올랐다. 2009년에는 역대 최고 이적료 신기록을 세우며 스페인의 명문 레알 마드리드로 이적했으며, 그곳에서도 성장을 멈추지 않았다. 그는 자신의 팀이 스페인 라리가 우승과 챔피언스리그 우승을 하는 데 크게 기여했다.

호날두는 국가대표팀에서도 100경기 이상 뛰었고, 결국 포르투갈 국가대표 팀 역대 최다 득점자가 됐다. 국가대표로서 그는 3번의 월드컵과 3번의 유로 대회에 출전했다.

호날두는 엄청난 스피드와 파워를 동시에 가진 선수다. 훈련할 때 정말 열심히 근력 운동을 한 덕분에 경기 중에 1 대 1 상황에 처할 때 특히 큰 도움을 받았다. 그는 빠르고 강했기에 대부분의 1 대 1 상황에서 상대 수비수를 제칠 수 있었다. 상대 수비수가 그를 달리지 못하게 막는 경우에는 빠른 발놀림과 개인기를 이용해 수비수를 제쳤다. 그를 1 대 1로 막는 것은 거의 불가능했기 때문에 그를 막기 위해 여러 명의 선수가 한꺼번에 달려들곤 했다.

다른 훌륭한 선수처럼 호날두 역시 자신의 기술을 발전시키기 위해 수없이 많은 훈련을 하며 시간을 보냈다. 그는 믿기 힘든 프리킥 실력을 가지고 있는 것으로도 유명하다. 그는 감아 차기와 무회전킥 모두에 능하다. 연습이 완벽을 만든다는 것을 보여주는 대표적인 사례다.

1 대 1 상황에서 해야 할 일

달리기

축구 선수에게 가장 가치 있는 기술 중 하나는 1 대 1 상황에서의 돌파 능력이다. 리오넬 메시와 크리스티아누 호날두 같은 세계 최고의 선수들은 1 대 1 상황에서 굉장히 돌파를 잘한다.

1 대 1 돌파를 할 때 가장 중요한 것은 자신감이다. 돌파를 시도할 때 최악은 공의 소유권을 상대에게 내주는 것이다. 공 소유권은 다시 가져올 수 있기 때문에 공을 잃는 것에 두려움을 갖지 말자. 반면 돌파에 성공한다면 팀에 기회를 만들어줄 수 있다. 돌파를 시도하지 않으면 절대로 상대 선수를 제칠 수 없다. 누구도 1 대 1 돌파를 100% 성공하지는 못한다. 그러니 걱정하지 말고 시도하자!

1 대 1 상황에서 상대를 제치는 데는 스피드와 기술을 이용하는

두 가지 방법이 있다. 공간이 있다면 스피드를, 공간이 없다면 기술을 이용해야 한다.

스피드의 경우 보통 육상의 달리기 선수처럼 순수 스피드를 생각하고 상대 수비수보다 무조건 빨라야 한다고 생각할 수 있다. 그러나 스피드를 이용해 상대 수비수를 제치려면 먼저 공간을 찾거나 만들어야 한다. 공간을 만들기 위해 움직이면 상대 수비수가 그에 반응할 것이다. 그럴 때 상대 수비수를 동료 선수로부터 고립시키거나 먼 위치로 끌어들여야 한다.

공간을 차지했고 상대 수비수가 동료 수비수들과 떨어져 있다면 수비수 뒷공간을 확인해야 한다. 동료로부터 패스를 받았다면 상대 수비수를 제칠 수 있도록 터치를 한 후 수비수 뒷공간으로 이동한다. 공과 상대 수비수 사이에 위치를 잡고 상대 수비수로부터 공을 보호하자. 수비수를 제친 후 빈 공간으로 이동해서 다음 동작을 이어 나가면 돌파에 성공한 것이다.

돌파할 공간이 없다면 발 기술을 이용해 상대 수비수를 제쳐야 한다. 특히 수비수의 균형을 무너트리는 것이 좋다. 가장 자신 있는 움직임과 기술을 연습하자. 상대 수비수가 기술을 눈치챘다면 다시 제자리로 돌아오면 된다. 자신감이 가장 중요하다는 사실을 잊지 말자. 돌파는 많이 시도할수록 많이 성공한다.

고개를 들고 공과 수비수에 시선을 두는 것도 명심하자. 몸을 열린 상태로 두어야 좋은 위치에서 패스를 받을 수 있다는 것 역시 잊지 말자. 첫 터치를 발로부터 약간 떨어트려 놓아야 이동할 공간이 생기고 기술을 이용해서 상대를 제칠 수 있다. 좌우로 쉽게 움직일 수 있도록 자세를 낮게 하고 무릎은 구부린 상태를 유지한다. 다시 한번 강조하지만 상대 수비수의 압박이 강할 경우 공과 상대 선수 사이에 서서 공을 보호하는 것이 핵심이다.

SECRET

14

경기 중 수분 섭취

경기 중에 마실 음료를 준비해두자. 전해질을 보충하기 위해 15분마다 조금씩 섭취한다. 음료수 병에는 이름을 적어 놓아라.

공 뺏기

수비

팀이 공을 뺏겼을 경우에는 최대한 빨리 다시 공을 뺏어 와야 한다. 수비수 또는 수비형 미드필더가 아닌 다른 포지션 선수는 팀이 빠르게 수비 대형을 갖추고 실점을 막기 위해 노력해야 한다는 사실을 가끔 잊곤 한다. 현대 축구에서 선수는 자신의 포지션만 생각해서는 안 된다. 공이 있을 때와 없을 때 모두 팀원으로서의 역할을 생각해야 한다. 팀이 공을 소유하고 있지 않을 때 코치는 자신의 선수들이 수단과 방법을 가리지 않고 상대 팀으로부터 공을 뺏기를 원할 것이다.

수비를 할 때 알아야 할 몇 가지 기술들이 있다.

- **공을 가진 선수보다 뒤쪽에 서 있는 경우**

가장 먼저 해야 할 일은 공을 볼 수 있는 상대 선수의 뒷공간을 차지하는 것이다. 공을 볼 수 없는 위치에 있으면 예측을 해야 하는데 예측은 틀리기 쉽다. 수비수들은 예측해서는 안 되고, 공이 어디 있는지 정확히 알고 있어야 한다. 낮은 자세를 취하며 상대 선수가 움직일 때 빠르게 반응하자. 한쪽 발에 너무 많은 무게중심을 이동하면 균형을 잃을 수도 있다. 예를 들어, 오른발에 너무 많은 무게를 실으면 오른쪽으로 나가기 어려워진다. 상대 선수와 접촉을 줄이자. 상대 선수와 부딪치면 상대 선수는 수비수가 어디 있는지 알게 되고 더 나은 결정을 할 수 있다. 상대 선수가 예측하게 만들거나 수비수를 찾게 만들어서 공으로부터 시선이 떨어지게 만들자. 그런 위치에 서서 상대 선수의 플레이를 지연시키자. 상대 선수가 자유롭게 움직임을 가져갈 수 없도록 하자. 상대 선수가 3~4초보다 길게 공을 가지고 있다면 동료 선수가 도와줄 수 있는 좋은 기회가 생긴다.

- **미드필드 지역에서의 오픈 플레이 상황**

공을 뺏기 위해 태클을 시도할지 말지 결정해야 한다. 태클이 너무 늦으면 파울이 된다. 그리고 옐로카드나 레드카드를 받을 수 있다. 그러면 팀에 큰 피해를 준다. 태클을 할 수 없는 상황이라면 어깨가 상대 선수를 바라보게 서서 무릎을 구부리고 수비적인 자세를 갖춰야 한다. 미드필드 지역에서는 항상 동료의 도움을 받을 수 있다. 공에 무작정 다가서다가 1 대 1 돌파를 허용하면 안 된다. 이러한 행동은 '다이빙 인'이라고 불린다. 인내심을 가져야 한다. 공에 시선을 두고 상대 선수가 공을 앞으로 차는 순간 전진하는 것을 막아야 한다. 상대 선수가 공을 앞으로 차는 순간은 상대 선수와 공 사이 공간으로 달려들어 공을 뺏을 기회다.

- **1 대 1 수비 상황**

이때는 상대의 공격을 지연시키고 돌파를 허용하지 않는 것이 주된 임무다. 어깨가 상대 선수를 향하게 하면서 적당한 위치를 잡자. 상황을 인지하고 상대 선수를 자신이 원하는 방향으로 유도해야 한다. 발을 움직이지 않은 상태에서 시선은 공을 바라보고 상대 선수의 움직임 대신 공에 반응하자. 좋은 수비수는 인내심이 강하고 집중력이 좋다. 이러한 수비 능력은 팀의 큰 자산이다.

수비 라인 돕기

수비

앞서 살펴본 것처럼 수비 라인은 경기장 좌우를 모두 커버하기 위해 그룹을 지어 함께 움직인다. 수비수뿐만 아니라 모든 선수가 이러한 움직임을 알고 있다면 필요할 때 팀을 도울 수 있다. 여러분이 다재다능한 능력을 갖출수록 팀에는 더 중요한 선수가 될 수 있다. 물론 실수를 할 수도 있지만 여러분은 아직 배우는 단계이고, 실수를 통해 더 배울 수 있다.

최종 수비 라인이 어떻게 그룹으로 움직이는지 더 알아보자. 일반적으로 수비진은 자기 팀 페널티 박스와 중앙선 사이 공간에 위치한다. 골키퍼의 시야를 가릴 수 있기 때문에 꼭 필요한 상황이 아니라면 페널티 박스 안까지는 내려가지 않는다. 실점할 수 있는 위험한 경우에도 페널티 박스 가장자리에 있는 것이 좋다. 팀이 전진하면 수비 라인 역시 수평을 이뤄 중앙선 부근까지 전진한다. 공격 상황에서 측면 수비수(혹은 한 명의 센터백)는 공격에 가담하기도 하지만 기본적으로 중앙선 부근에 위치하는 것이 보편적이다.

수비 라인에 있는 선수라면 언제 전진하고 언제 뒤로 물러서야 하는지 알고 있어야 한다. 예를 들어, 미드필더나 공격수가 공을 가진 선수에게 압박을 하는 상황이라면 미드필더와 10미터 정도 거리를 유지하며 상대 팀을 함께 압박해야 한다. 압박이 지속된다면 중앙선까지는 계속해서 전진해야 한다.

상대 팀이 자유로운 상황이고 공을 가진 선수가 전진하거나 패스할 수 있는 상황이라면 수비 라인은 뒤로 물러설 준비를 해야 한다. 이러한 상황에서는 공을 가진 선수를 보고 예측하면서 움직여야 한다. 공을 가진 선수가 수비 뒷공간으로 롱킥을 하기 위해 다리를 드는 것을 봤다면 즉시 뒤로 물러서면서 공간을 막아야 한다. 수비 선수들이 함께 움직여 그룹으로서 막는 것이 중요하다.

앞에 있는 선수는 롱킥 상황으로 인해 뒤로 물러선 뒤에 다시 수비할 준비를 하면 된다. 미리 예측하고 팀으로서 움직이는 것이 자신의 머리 위로 공이 지나간 다음 그 선수를 쫓아가는 것보다 훨씬 쉬운 전술이다.

상대 선수가 공간을 두고 드리블을 시도한다면 수비 라인은 뒤로 물러나 뒷공간을 막아야 한다. 상대 선수는 압박을 받지 않을 것이고 수비 라인은 뒤로 물러설 것이다. 여기서 중요한 것은 페널티 박스까지만 물러서고 그 이상 물러서면 안 된다는 점이다. 상대 선수가 전진을 멈추고 뒤로 돌아선다면 수비 라인 역시 앞으로 다가가서 공을 뺏는 시도를 시작해야 한다.

인내심 갖기

여러분은 아직 배우는 단계에 있다. 수비 라인을 견고하고 단단하게 만들려면 시간이 걸린다. 인내심을 가져라. 실수를 통해 배우고, 코치의 조언을 주의 깊게 듣자.

— STRATEGY —

26

LEVEL

삼각 대형 갖추기

달리기, 슛

크로스를 마무리하기 위해서는 다음 3가지 요소를 충족시켜야 한다. (1) 득점을 할 수 있는 위치 선점, (2) 공의 소유권 획득, (3) 슈팅.

코치는 우리 팀의 크로스가 이 3가지 장소('삼각 대형', 그림 참조 156쪽) 안으로 들어가기를 바랄 것이다. 이 3가지 장소는 각각 니어 포스트, 파 포스트 그리고 골대 가운데 지역이다. 이 때 공격수들은 어느 장소로 움직이든 속도를 바꿔가며 뛰어야 한다. 직선으로 뛰거나 일정한 속도로 달리면 상대 수비수가 막기 쉬워진다. 마지막 순간에 속도를 붙이면 수비를 떼어 낼 수 있을 것이다. 너무 빨리 속도를 올리면 공간에 너무 빨리 도착할 것이고, 너무 천천히 뛰면 수비수가 쫓아오기 쉬울 것이다. 사선으로 달리면서 크로스를 올리는 동료

155

트라이앵글 위치에 크로스하기

X^1 선수 크로스하기
X^2 선수 니어 포스트로 가기
X^3 선수 파 포스트로 가기
X^4 선수는 X^2와 X^3 선수 뒤쪽 가운데에 위치해
트라이앵글 대형 완성하기

선수를 확인하자. 그렇게 하면 크로스가 언제 올라오는지 예측할 수 있다. 중간에 달리는 각도와 방향을 바꾸면 상대 수비수가 균형을 잃고 혼란스러워 할 것이다. 그러니 항상 창의적으로 움직여야 한다.

자신이 니어 포스트 쪽으로 달린다면 수비수 바깥쪽으로 뛰도록 노력하자. 이는 수비수보다 공에 가깝게 다가간다는 것을 의미한다. 만약 크로스가 앞으로 이어질 경우 공을 먼저 터치할 수 있다. 득점을 하기 위해서는 골포스트 안쪽까지만 달리는 것이 중요하다. 포스트를 지나 골 에어리어 가장자리까지 간다면, 곧바로 슈팅을 하기 힘들어진다. 간단히 생각하자. 득점을 위해 가장 좋은 위치가 어디인지 생각하면서 움직이면 된다.

파 포스트 쪽으로 달린다면 수비수 라인 안쪽으로 달려서 포스트 안쪽이나 바깥쪽에 자리를 잡자. 골 에어리어 가장자리와 골포스트 사이 위치를 선점했다면 니어 포스트에 있는 동료와 동일 선상에 서지 않도록 신경 써야 한다. 그렇게 해야 득점 찬스를 올릴 수 있다. 동일 선상에 있을 때 상대 선수들이 공을 놓친다면 그것은 공격수 역시 공을 놓치기 쉽다는 뜻이다.

니어 포스트와 파 포스트로 달리는 두 선수 모두 세컨드 식스 위치에 머물러야 한다. 골키퍼는 골 에어리어 안에 있을 것이고 골키퍼와 부딪치면 파울을 내주기 쉽다.

끝으로, 자신이 골대 가운데 방향에 있다면 페널티킥 지점 뒤쪽 공간을 찾자. 그리고 니어 포스트와 파 포스트 위치에 있는 선수들보다 뒤에 서 있어야 한다. 크로스하는 동료 선수에게 또 다른 옵션을 제공해줘야 하기 때문이다. 그리고 이 위치는 중앙 공간을 커버할 수 있는 위치다. 크로스가 상대 수비수를 맞고 굴절될 때 리바운드 슈팅을 노릴 수도 있다.

STRATEGY

27

득점하기

패스, 슛

여러분이 앞에서 소개한 '삼각 대형' 안에 도착했다면, 그 다음에 어떤 동작을 해야 하는지 미리 알고 있어야 한다. 특히 크로스가 골에어리어 근처로 오기 때문에 수비수보다 먼저 터치하는 것이 정말 중요하다. 니어 포스트 지역에서는 크로스가 오른쪽에서 다가올 때 오른발을 이용해야 한다. 만약 크로스가 여러분의 몸을 가로질러 온다면 수비수가 공을 막을 수 있는 시간을 더 줄 수 있다. 반대로 공이 왼쪽에서 온다면 왼발을 사용하자.

파 포스트 지역에서는 공을 받을 준비를 하고 있어야 한다. 니어 포스트에 있는 선수보다는 시간적인 여유가 있으니 이 시간을 잘 이용해야 한다. 호흡을 하고 차분하게 기다리면서 다음 동작을 준비해야 한다. 긴장하고 있으면 좋은 터치를 할 수 없다.

골대 가운데 지역에서도 공을 받을 준비를 하고 있어야 한다. 이 공간에서는 굴절되는 크로스 또는 상대 수비수가 걷어 내는 공에 대비해야 한다. 어떤 상황이 발생하더라도 바로 반응할 수 있는 자세를 취해야 한다.

마지막 퍼즐 조각은 득점을 하는 것이다. 니어 포스트 지역에서는 강하게 차는 것보다는 방향만 살짝 바꿔주는 것이 좋다. 크로스의 속도를 이용해서 방향만 살짝 바꾸면 된다. 때때로 발가락만 살짝 맞춰도 좋은 결과를 가져올 수 있다. 가장 좋은 접촉 부위는 역시 발의 안쪽 인사이드 부분이다. 공이 허공으로 뜨지 않게 조심하자. 공을 바닥에 바운드되도록 찬다면 골키퍼는 더욱 막기 힘들 것이다. 크로스를 슈팅으로 이어가지 못하더라도 그냥 다음 찬스에 대비하자. 공은 여전히 위험 지역에 있다.

파 포스트 지역에서는 발의 옆면을 이용해 골대로 패스하듯이 차면 좋다. 이 지역에서는 정확한 킥이 필요하다. 골대의 먼 쪽을 향해 차야 한다. 골키퍼는 슛을 막기 위해 달려오기 때문에 역동작에 걸릴 것이다. 이 위치에서는 첫 터치로 슛을 하는 것이 가장 좋지만, 상황에 따라서 시간적인 여유가 있다면 공을 트래핑한 뒤 슛을 해도 된다.

골대 가운데 지역에서는 공이 직접 날아오는 경우에 곧바로 슛을 할 수 있도록 준비해야 한다. 동시에 상대 수비수가 걷어 내는 공을 빼앗아서 슈팅을 할 준비도 해야 한다. 파 포스트에 있는 선수가 가운데 지역으로 와서 슛을 한다면 그 장면을 바라보며 다음 동작에 대비하자. 발의 옆면을 이용해 슈팅을 하는 것이 가장 좋은 방법이다. 곧바로 슛을 할 수 없는 상황이라면 공을 컨트롤한 뒤 다시 슛을 시도하자.

크로스된 공은 항상 자신에게 오지 않는다. 그렇더라도 여러분은 항상 자신에게 주어진 공간으로 뛰어 들어가야 한다. 그곳에 가장 중요한, 득점 가능성이 있기 때문이다.

SECRET
16

코치 돕기

연습이 끝나면 장비를 정리하는 책임감 있는 모습을 보여라. 그래야 여러분도, 코치도 제시간에 집으로 돌아갈 수 있다.

축구 선수 자녀를 둔
학부모님께

축구 선수 자녀를 둔 학부모님께

이 책을 선택해주셔서 감사합니다. 아마도 여러분은 축구 선수 자녀를 둔 학부모로서 아이들이 축구를 즐기면서 실력도 향상되기를 바랄 것입니다. 부모는 아이의 성공을 위해 아주 중요한 역할을 할 수 있습니다. 아이에게 항상 긍정적인 영향을 주는 부모가 되는 것이 바로 그 역할입니다.

성공이란?

프로 레벨의 축구에서 성공의 정의는 곧 '승리'입니다. 어떤 방식으로 이겼는지는 크게 중요하지 않습니다. 정말 안 좋은 경기력을 보이고도 이기는 팀이 있습니다. 골대를 맞췄을 수도 있고, 3골이 취소됐을 수도 있습니다. 하지만 결국 축구에서 가장 중요한 것은 득점을 했는지 하지 못했는지 여부입니다.

그러나 유소년 축구에서는 성공에 대한 정의가 훨씬 더 복잡합니다. 만약 유소년 레벨에서도 승리를 성공이라 정의한다면 50%의 선수와 코치는 실패할 수밖에 없습니다. 우승만을 성공이라고 정의한다면 오직 리그에서 우승한 한 팀만 성공한 것이고, 나머지 팀은 전부 실패했다는 의미입니다. 유소년 레벨에서 승리와 결과만 가지고 성공을 정의하는 것은 현명하지 않은 것이 명백합니다.

여기, 여러분이 생각해 봐야 할 몇 가지 중요한 질문들이 있습니다.

- 여러분의 자녀는 축구를 즐기고 있나요? 아이가 축구를 하면서 웃는 모습을 보이거나 아이의 웃음소리를 들은 적이 있나요?
- 여러분의 자녀는 경기 규칙을 잘 지키나요? 승리와 패배는 단지 경기의 일부일 뿐이라는 사실을 이해하고 있나요?
- 신체적으로 운동을 할 준비가 되어 있나요?
- 새로운 친구를 사귀었나요? 사회성이 자라고 있나요?
- 새로운 기술을 배웠나요?
- 스스로 다음 시즌에 대한 계획을 세우고 있나요?

만약 이러한 질문들에 여러분이 "그렇다"라고 대답할 수 있다면, 여러분의 아이는 유소년 레벨의 축구에서 잘하고 있는 것입니다.

연습을 장려해라

말콤 글래드웰은《아웃라이어Outliers》에서 한 분야의 전문가가 되기 위해서는 10,000시간의 연습 시간이 필요하다고 주장했습니다. 스포츠 분야에서는 이 10,000시간의 법칙 개념이 종종 논란의 대상이 되곤 합니다. 최근에는 연습의 양보다는 질이 더 중요하다는 인식이 강해졌습니다.

여러분의 자녀가 축구 선수로서 잠재력을 극대화하도록 돕고 싶다면, 시간이 날 때마다 연습을 권유하시기 바랍니다. 아이들은 이 책에 소개된 많은 스킬과 전술을 혼자서도 습득할 수 있습니다. 스스로 습득하는 과정은 자신의 발전에 대해 자부심을 갖게 해주고 빠른 성장을 돕습니다.

일주일에 3번, 20분씩만 연습해도 아이들의 축구 기술에는 큰 변화가 생길 것입니다. 그들은 분명히 더 좋은 선수가 될 수 있습니다. 노력은 성공하기 위한 중요한 요소입니다. 그리고 재능은 노력이나 헌신과 밀접한 연관을 갖고 있습니다. 스포츠나 그 외 다른 분야에서 재능 있는 전문가들은 연습을 즐기는 아주 훌륭한 자세를 갖고 있습니다. 그들은 재능이 없는 다른 사람에 비해 더 열심히, 그리고 더 오랫동안 연습합니다.

이러한 축구 연습에 대한 자세가 학교 공부로도 연결될 수 있다면, 물론 더 좋겠지요!

부모의 역할

유소년 축구 경기를 볼 때 종종 '도를 넘어선 부모'를 목격한 적이 있으실 것입니다. 경기장 라인을 넘고, 소리를 지르며 충고하고, 심판에게 항의하고, 코치 역할을 하고, 선수를 비판하고, 자신의 아이마저 당황하게 하는 부모가 간혹 있습니다. 이러한 부모는 자신이 팀과 선수를 돕고 있다고 생각합니다.

경기장에서 학부모가 소리를 지르며 선수에게 지시하는 것은 대학 수학 능력 시험에서 "먼저 나눈 다음에 빼고 더해!"라고 외치는 것과 똑같습니다. 축구 경기는 훈련의 연장입니다. 그리고 선수들은 실수와 실수를 할 수 있는 상황을 통해 배웁니다.

부모의 역할은 자녀의 발전을 돕는 것이지 강요하는 것이 아닙니다. 선수들은 각자 다른 속도로 발전하고, 적정한 때가 되면 더욱 빠르게 성장합니다. 부모는 아이의 성장 과정을 적절한 거리에서 지켜보면 됩니다. 팀 스포츠에서 중요한 요소 중 하나는 친구와 동료와의 관계입니다. 이러한 '도를 넘는 부모'는 아이의 친구 관계를 망칠 수 있습니다. 부모의 행동이 너무 지나치거나 팀에 해를 끼치고 있다면 최악의 경우 그 자녀 선수는 팀에서 방출당할 수도 있습니다.

여러분이 지켜보는 것이 자녀의 팀이고 그들의 운동이라는 사실을 잊지 마세요. 관객의 입장에서 행동하고 응원하면서 경기를 즐깁시다.

경기 중 부모의 행동

선수에게 관중석에서 들려오는 응원보다 더 좋은 것은 없습니다. 자녀의 경기를 볼 때는 응원을 해야 합니다. 충고보다는 용기를 북돋아주십시오. 축구 경기는 작전 타임 시간이 없기 때문에 코치는 심판이 휘슬을 불어 멈춘 아주 잠깐 동안만 원하는 지시를 내릴 수 있습니다. 코치는 선수들이 게임의 현재 상황을 이해하고 스스로 판단하길 바랄 것입니다. 하지만 어릴수록 스스로 결정을 내리는 일이 어렵습니다. 혼란스러운 상황이 많이 나올 수 있기 때문입니다. 부모들은 이러한 상황에서 소리를 지르는 것을 선수를 도울 기회라고 생각합니다.

그러나 부모가 소리를 지르면서 지시한다면 경기장 분위기가 바뀔 것입니다. 축구 경기에는 다양한 상황이 존재하고 빠르게 변합니다. 아이가 부모의 지시에 따른다면 공을 잃더라도 자신의 실수가 아닌 부모의 지시에 따라 공을 잃는 결과를 낳는 것입니다. 장기적 관점에서 봤을 때 이러한 일은 어린 선수의 성장에 전혀 도움이 되지 않습니다. 아이들은 그 뒤로도 부모의 지시를 기다릴 것이고, 결국 스스로 결정하는 능력을 갖지 못하게 될 것입니다. 지시를 내리는 대신 아이들의 플레이를 지켜보면서 그들이 열심히 뛰는 모습에 칭찬과 격려를 보내주세요.

자녀에게 응원을 보내라

경기가 끝난 후 집에 가는 길에 아이와 경기에 대해 이야기를 나누고 싶을 것입니다. 대화를 어떻게 시작해야 하고 무슨 말을 해야 할까요?

부모가 자녀에게 건네야 하는 몇 가지 좋은 질문이 있습니다. 우선 "너의 플레이를 보는 것이 즐겁다"라고 대화를 시작해야 합니다. 득점을 했는지 여부는 중요하지 않습니다. 팀의 경기력이 어땠는지도 중요하지 않습니다. 중요한 것은 여러분의 자녀와 진지한 시간을 함께 보내는 것입니다. 여기 몇 가지 좋은 예가 있습니다.

- 오늘 경기 어떻게 생각하니?
- 전반전은 어땠니? 경기 후반전 막판에는 어떤 생각을 했니?(후반전 막판까지 치열한 경기였을 경우)
- 너희 팀에서 오늘 누가 잘한 것 같니?
- 오늘 경기에서 가장 중요했던 장면이 뭐라고 생각하니?
- 경기 후 코치 선생님이 뭐라고 말했니?
- 다음 경기를 어떻게 준비할 거니? 다음 경기에서 어떻게 하면 더 잘할 수 있을 거라고 생각하니?

팀, 심판 그리고 코치의 안 좋은 판단에 대한 비판보다는 경기 자체에 대해 얘기하는 것이 좋습니다. 상대 팀에 대한 칭찬을 하는 것도 잊지 마세요. 상대에 대한 존중을 배우는 것 역시 중요합니다.

축구 선수에게 의미 있는 기술 중 하나는 자기 자신을 돌아보는 것입니다. 이런 주제에 대해 자녀와 대화를 나누는 것만으로도 그들이 스스로 고민하고 생각하는 능력을 갖게 해줍니다. 그런 능력은 축구를 떠나서 그들이 인생을 살아가는 데에도 큰 도움이 될 것입니다.

SECRET

169

옮긴이 **이성모**

〈서울신문〉, 〈스포츠서울〉을 거쳐 현재 〈골닷컴〉기자로 EPL을 포함한 유럽 축구 현장을 취재 중이다. 또 네이버 스포츠(전), 다음 스포츠(현)와 주한영국문화원에 단독 칼럼을 기고 중이다. 저서에는 《누구보다 첼시 전문가가 되고 싶다》, 《누구보다 맨유 전문가가 되고 싶다》, 《누구보다 아스널 전문가가 되고 싶다》 가 있고, 역서로는 《안드레아 피를로 자서전-나는 생각한다 고로 플레이한다》, 《위르겐 클롭》, 《더 믹서》, 《메수트 외질 마이 라이프》, 《포체티노 인사이드 스토리》등이 있다.
페이스북: www.facebook.com/yo235
인스타그램: www.instagram.com/sungmolee

옮긴이 **김종원**

용인대학교에서 스포츠미디어, 영국 Middlesex University에서 스포츠 경기분석(석사)을 공부한 뒤, 현재 Middlesex University에서 스포츠 경기분석 박사과정에 재학 중이다. 2014년 영국 5부리그 '바넷FC' 에서 전력 분석원으로 활동을 시작한 뒤, '찰튼FC (3부리그)'를 거쳐 현재 잉글랜드 프리미어리그 '크리스탈 팰리스FC'에서 전력 분석원으로 활동 중이다. 동시에 Middlesex University 스포츠 경기분석 석사 과정에서 '스포츠코드', '연구방법론', '통계' 등을 강의하며 논문 지도를 하고 있다. 2018년 열린 ISPAS 국제 컨퍼런스에서 '젊은 연구자상'을 수상했고, 최근에는 SCI 저널인 IJPAS에 [축구 경기에서의 퍼터베이션 발견을 위한 불안정 상황 분석] 논문을 게재했다. 공역한 책으로 《축구 스킬&전술 75》가 있다.

어린 축구 선수들을 위한
축구 스킬&전술 베이직 60

1판 1쇄 발행   2020년 6월 22일
1판 2쇄 발행   2023년 2월 15일

지은이 앤드류 라담
옮긴이 이성모, 김종원
감   수 조세민
펴낸이 김기옥

실용본부장 박재성
편집 실용1팀 박인애
마케터 서지운
판매전략 김선주
지원 고광현, 김형식, 임민진

디자인 푸른나무디자인
인쇄 · 제본 민언프린텍

펴낸곳 한스미디어(한즈미디어(주))
주소 121-839 서울시 마포구 양화로 11길 13(서교동, 강원빌딩 5층)
전화 02-707-0337 | 팩스 02-707-0198 | 홈페이지 www.hansmedia.com
출판신고번호 제 313-2003-227호 | 신고일자 2003년 6월 25일

ISBN 979-11-6007-496-3 13690